상위 1%인 너

KB189923

FIRST CLASS가 될 수 있는 10가지

이주영 지음

나침반

헌정사

롱 타임 초야에 묻히는가 싶더니

마침내 타의 추종을 불허하는 상위 1%로

출발시키고 계시는 하나님과

"이런 딸은 그 부모가 감당하지 못하느니라"는 말씀대로

불초소생을 기르시기에 심적 노고가 크셨던

부, 이원박 목사님과

모, 권영순 권사님께

이 책을 헌정합니다.

FIRST CLASS 세계로의 초대

독자인 님이 본서를 읽어보기로 선택한 이유는 제목이 주는 호감 때문이었는지 모릅니다. 맞습니다. 본서는 님을 상위1%의 자리로 올려주는 책입니다.

이미 상위 1%라고 생각하는 분이라면 최상위 0.1%에 올려줄지도 모릅니다.

궁금한 점이 하나 있습니다.

혹시 지금까지 "나는 상위 1%와 전혀 관계없는 사람"이라는 컨셉 concept으로 살아오지는 않으셨는지요? 그래서 상위 1%에 오른다는 사실 자체를 아예 포기하고 사시지는 않았는지요? 그렇다면 본서를 제대로 집어드신 것입니다. 왜냐하면 본서를 읽고 실천함으로 이제부터 상위 1%에 얼마든지 이를 수 있기 때문입니다.

이런 짐작이 듭니다.

지금까지 상위 1%, 즉 퍼스트 클래스first class가 되기를 포기하셨다면 그 이유는 현재 갖고 있지 않은 그 무엇을 통해 그 자리에 올라가려고 했기 때문일 겁니다. 그래서 "나 같은 사람이 무슨 퍼스트 클래스를...?" 하고 자포자기하게 되었을 것입니다.

그간 생각해 온 퍼스트 클래스로 향하는 길이 무엇이었는지요?

돈, 학벌, 미모, 가문, 명성, 그리고 남다른 재능을 포함한 그 외의 스펙spec이 아니었을까요?

그런데 놀랍게도 본서는 그 길이 다른 곳에 있음을 알려줍니다.

생각보다 님 가까이에, 그리고 마음만 먹으면 곧장 달려갈 수 있는 곳에 말입니다.

본서를 쓰게 된 이유도 바로 이 길을 제쳐두고 달리 험난한 길을 가려는 분들을 돕고자 하는 마음에서였습니다.

그럼, 이제 묻고 싶으시겠죠? "그 길이 어디입니까?"

본서는 바로 그 질문에 대한 답을 10가지로 제시합니다.

각 장 제목의 영문 첫 글자initial를 하나씩 곰삭이다 보면...

10장에 이르러서는 10개 글자가 모여 퍼스트 클래스 FIRST

CLASS가 만들어집니다.

　그리고 그 10개의 퍼즐을 다 맞추고 난 순간,

　님은 어느새 퍼스트 클래스 쪽으로 달려 나갈 포즈를 취하고 있는 자신을 발견하게 됩니다.

　그 길은 정말 그처럼 쉬울까요? 그럼요, 매우 쉽습니다. 하지만 어려운 점도 있습니다. 그 길을 매일 걸어야 한다는 점입니다. 하지만 그 길을 걷고 난 후에 오는 뿌듯함과 수준높은 삶을 생각한다면 그 정도 산책은 얼마든지 하려고 하실 겁니다.

　자, 그럼 함께 F~부터 시작해 볼까요? ~S에 도착할 때까지 잡은 손 놓지 않고 함께 가시는 겁니다. Ready~ Go~!

가을 향기를 물씬 올리는 어느 날,
글로벌 선교센터에서 200개국을 향한 창을 열어보며

저자 이주영 목사 (Pastor Catherine Lee)

TABLE OF CONTENTS

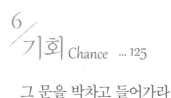

F.I.R.S.T.C.L.A.S.S

이별

Farewell

그 속에 담긴 섭리로
내일을 열어가라

1

그 속에 담긴 섭리로 내일을 열어가라

 세계 200개국을 향한 비전을 품은 작은 공간인 글로벌 선교센터를 리모델링하던 당시 이야기이다.

이 작업을 시작할 무렵 갑자기 미국에 가야 할 상황이 발생했다. 그래서 리모델링 계획을 잠시 접어두고 미국행 비행기에 몸을 실었다.

일정이 예상보다 길어져 몇 개월이 지난 후에야 돌아와 보니 가기 전 모습과 하나도 달라진 것이 없었다. 쌓아둔 박스조차 그 자리에 한 치의 움직임 없이 그대로 먼지를 뒤집어쓰고 앉아 있었다.

이때부터 팔을 걷어부치고 서둘러 리모델링을 시작하면서 가장 먼저 한 일은 철거작업이었다. 기존 칸막이를 부수고 창틀을 제거하며 천정을 부수고 바닥을 걷어내기 시작했다. 30평 남짓한 작은 공간은 흙먼지로 자욱했고 뜯어낸 벽지와 걷어낸 바닥재가 발에 걸렸다. 철거된 칸막이 합판들이 잔해를 드러내며 바닥에 뒹굴고 있었다. 버려야 할 가구들과 집기들도 만만치 않았다. 공사 초기 며칠은 허물고 부수고 뜯어버리고 내다버리는 일을 주로 했다.

버릴 것을 버리고 허물 것을 다 허물어 버린 후 선교센터는 그때부터 새로운 모습으로 태어나기 시작했다. 그리고 한 달이 흐른 후 종전과는 비교할 수 없이 세련된 모습으로 변신했다. 공사 전이나 후나 분명히 같은 위치, 같은 면적인데 풍기는 이미지와 수준은 말할 수 없이 달라졌다.

우리 인생도 그런 것 같다. 인생을 리모델링하기 위해서는 먼저 부수는 작업이 필요한 것 말이다. 철거만 말끔히 해도 새 인생 리모델링은 절반 이상 된 거나 다름없다. "상위 1%인 너" 만들기 작업에서 이별을 가장 먼저 다루는 것도 이 때문이다.

이별, 잘~ 하자! 그래서 이별의 아픔을 훌훌 털고, 이별 속에 엉킨 분노의 실타래를 풀어내며 이별의 아픔이 있었기 때문에 더 멋있게 돼버린 인생을 만들어보자.

이렇게 하려는 순간, 이별을 기가 막히게 잘 해냄으로 상위 1%의 삶을 살았던 다윗이 떠오른다. 이별을 활용해 훌륭한 다윗왕국의 출발을 열었던 다윗... 그가 보여준 3가지 이별 공식이 머릿속에 그려진다.

1. 환경을 보고 이별을 감지하라

다윗의 인생에 사울의 집과 이별할 때가 다가온다. 그간 끈끈하게 맺어온 사울왕가와의 최종적인 이별을 사울과 그 아들들의 죽음을 통해 맞이한다. "이와 같이 사울과 그의 세 아들과 그 온 집안이 함께 죽으니라" 역대상 10:6 의도적인 것은 아니지만 이별이라는 사건이 다윗의 인생에 일어났다.

우리 인생에도 이별의 순간은 다가온다. 불시에 오기도 하고 예상하던 중에 오기도 한다. 중요한 것은 이처럼 이별이 올 때 그 이별을 이해해야 한다는 점이다.

이별을 제대로 해 내지 못하는 이유는 이별 앞에서 이해력 부족 현상이 생기기 때문이다. 사귀던 연인이 헤어지자고 할 때 현실로 받아들이지 못하는 경우가 발생한다. '아니야, 그는 나와 헤어질 생각이 없어. 오늘 컨디션이 안 좋아서 그냥 하는 말일거야... 정말 헤어지겠다는 말은 아닐 거야...' 심지어 헤어지고 난 후에도 미련을 못 버리는 사람도 있다. '아직도 날 사랑하고 있음이 분명해... 다시 재회할 수 있을 거야...'

과거에 사랑하던 남성과 헤어진 후 현재의 남편을 만나 결혼한 자매님이 있다. 오랜 세월이 흐른 후 우연히도 옛 연인을 만나게 된다. 모 집회 장소에서였다. 그는 은혜 넘치는 사역을 하는 목사가 되었고 그 곁에는 사모가 있었다. 그럼에도 불구하고 이 자매님은 옛 연인을 보면서 아직도 그가 자기 사랑을 필요로 할 거라는 착각을 한다. 현재 그의 곁에 있는 사모는 왠지 제대로 보필을 못할 거라는 생각이 들면서 가슴이 미어지는 아픔을 느낀다.

'그를 위해 내가 무엇을 해줘야 할까?' 고심하다가 마침내 상담자를 찾아갔다. 그때 상담자는 이렇게 말했다. "자매님, 헤어진 옛 연인을 걱정하지 않아도 됩니다. 그는 지금 잘 살고 있습니다. 자매님의 관심과 염려가 필요한 사람은 남편과 가족들입니다. 정신 차리세요."

이 자매를 괴롭히는 영은 음란의 영과 착각의 영이었다. 이별을 제대로 해내지 못한 틈을 타고 들어온 것이었다.

이별 앞에서 우리는 두 가지를 잘 해내야 한다.

(1) 대상 파악과 (2) 시점 파악이다. 다윗의 이별 대상은 사울과 그 온 집이었다. 그리고 이별 시점은 바로 지금 이 순간이었다. 목동 시절 사무엘에게 왕으로 기름부음 받은 자신이 바야흐로 왕의 자리에 올라가야 하는 이때였다. 이별이 이 시점에서 제대로 되었기 때문에 다윗의 인생은 다음 단계로 올라갈 수 있었다. "그 나라를 이새의 아들 다윗에게 넘겨 주셨더라" 역대상 10:14

다윗은 사울을 왕으로 잘 섬겼던 사람이다. 그를 괴롭히는 악신을 쫓아내기 위해 수금을 연주해 주었고 국가적인 위기에 처한 왕을 건져주기 위해 골리앗을 넘어뜨렸고 그를 죽일 수 있는 기회가 왔어도 옷자락만 베었다. 그럼에도 불구하고 사울은 끝까지 다윗을 몰락시키려 했다. 하지만 하나님은 이제 이별의 순간을 허락하셨다. 다윗은 하나님의 손길로 인도되는 이별의 순간에 이별을 제대로 해냈다.

사울과 함께 죽은 아들 중에 요나단이 있다. 요나단은 다윗과 돈독한 우정이 있는 친구였다. 아버지 사울의 눈을 피해가며 다윗을 위험에서 건져주고 그의 발전을 도운 사람이었다. 하지만 요나단도 어쩔 수 없는 사울의 아들이었다.

개인적으로 보면 다윗과 요나단은 친구관계였지만 국가적인 구도로 보면 새 정권과 옛 정권의 대결구도였다. 요나단은 사울의 아들로 다윗의 정권유지에는 걸림돌이 되었을 것이다.

이런 차원에서 하나님은 요나단과의 이별마저 허락하신 것이다. 큰 이별에 포함된 작은 이별로 보면 된다. 그리고 그것을 기꺼이 감수하는 차원으로 보면 된다.

당신의 인생에서도 이별할 것과의 이별을 잘 해내야 한다. 이별해야 할 대상은 누구인가? 또한 무엇인가? 떠나야 할 시점이 되었다면 미련 없이 결별하라. 그런데 그 시점을 어떻게 아는가? 하나님께서 환경을 통해 알려주신다. 사울이 죽는 일이 발생한다... 요나단이 죽는 일이 생긴다... 그가 내게서 떠나간다...

하나님은 이처럼 환경을 통해 그들이 내 인생에서 사라져야 할 시점이 되었음을 알게 하신다. 하나님이 알려주시는 이별통보이다. 그 때 마음의 셔터를 내리고 이별을 실천하라. 그렇지 않으면 너무 늦을 수 있다.

나는 얼마 전에 쓸데없는 말을 늘어놓는 사람들과 이별식을 거행했다. 하나님께서 한 사건을 통해서 이별의 때가 왔음을 알려주셨기 때문이다. 약간 늦은 감도 없지 않았지만 더 늦기 전에 신속히 관계를 정리했다. 그 결과 더 큰 손실을 미연에 방지할 수 있었다. 그 이별의 시점이 왔을 때 제대로 파악 못했거나 유야무야 했더라면 불필요한 방해와 에너지 낭비가 많았을 것이다. 지금 생각해도 그 때 이별은 적절한 판단이었다.

이별 앞에 망설이는가? 미련이 발목을 잡는가? 그런데 하나님은 환경을 통해서 계속 알려주시는가? 그렇다면 단호히 이별을 실천하라. 그러면 알게 된다. 이제부터는 함께 가는 구도가 아니라 서로 다른 길을 가는 구도로 인생 패턴이 변했다는 사실을... 그리고 그렇게 이별을 실천한 시점부터 인생의 방향이 제대로 보이기 시작한다.

사울과 이별이 제대로 이뤄지는 순간부터 다윗은 더 이상 사울 왕국에 속한 일원이 아니었다. 그때부터 그는 이스라엘 제 2대 왕으로 자기 자신의 왕국을 멋지게 세워가는 위대한 역사의 주인공이 되었다. 이런 눈이 당신에게 열리기 바란다.

2. 이별을 위해 7일을 애도하라

B.C. 1,010년 블레셋은 이스라엘을 상대로 전쟁을 일으켜 길보아 산악지대 북쪽 기슭에 위치한 이스르엘(애스드렐론) 골짜기에서 싸운다. 이곳은 갈릴리 지경 아래 동서로 누운 평지이다. 이 전쟁에서

전세가 불리해진 이스라엘은 해발 500미터 석회암 산인 길보아산으로 후퇴한다. 바로 이 산에서 이스라엘은 패배하고 사울과 아들들은 전사하고 만다.

블레셋 사람들이 사울의 아들 요나단과 아비나답과 말기수아를 죽인 후 활 쏘는 자가 사울을 맹렬히 추격한다. 그때 사울은 무기 가진 시종에게 자기를 찌르라고 하지만 그는 두려워 이 일을 하지 못한다. 그러자 사울은 스스로 자기 칼에 엎드러지고 무기 가진 자도 따라서 자결한다.

이 광경을 지켜보던 이스라엘 사람들은 혼비백산해서 가옥을 다 버리고 도망한다. 다음 날 블레셋 사람들이 와서 죽임을 당한 자의 옷을 벗기다가 사울과 그의 아들들의 시체를 발견한다. 그래서 사울의 머리를 베고 갑옷을 벗기고 시체를 성벽에 매단다. 사울과 그 가족이 죽은 후 길르앗 야베스 사람들은 그를 가져다 장사하고 애통한다.

길르앗 야베스Gilead Jabesh 거민은 누구인가? 이곳은 요단 동편에 위치해 있는 므낫세 반지파의 성읍이다 여호수아 17:5, 6 과거 사울은 암몬 왕 나하스로의 침략으로부터 이곳 거민들을 구출했다 사무엘상 10:27;11:15

따라서 이들은 이번에 비극적 죽음을 당한 사울 왕에게 과거의 은혜를 보답하기 위해 위험을 무릅쓰고 그와 그의 아들들의 시체를 벧산에서 취하여 왔던 것이다. 그리고 상수리나무 아래 장사하고 7일을 금식하며 애도의 기간을 가졌다.

다윗은 이 사실을 들었을 때 그들을 크게 칭찬했다. 그리고 본인 스스로도 사울과 요나단의 죽음에 대해 크게 애도했다. "이에 다윗이 자기 옷을 잡아 찢으매 함께 있는 모든 사람도 그리하고 사울과 그의 아들 요나단과 여호와의 백성과 이스라엘 족속이 칼에 죽음으로 말미암아 저녁 때까지 슬퍼하여 울며 금식하니라" 사무엘하 1:11-12

애도는 이별을 마감하는 뒷정리라고 보면 된다. 이별하는 대상을 향한 슬픔의 표현이며 이별 속에 담긴 아쉬움과 애통의 발산이다. 애도 표현을 제대로 하면 이별의 뒤끝이 말끔해진다. 하지만 이별의 슬픔을 제대로 표현하지 못한 채 그대로 안고 있으면 나중에 고질병이 생긴다. 우울증, 무기력... 장례를 다 치른 후 슬픔이 사라질만한 기간에 이런 증상이 나타난다. 이별의 슬픔이 마음에서 씻겨지지 않아서이다.

이별의 대상이 있는가? 이별은 사람과의 헤어짐만을 뜻하는 것은 아니다. 가족처럼 같이 살던 강아지의 죽음도 이별이고 키우던 병아리의 죽음도 이별이다. 내 마음 속에 애석함을 남기고 사라지는 모든 것이 애도해야 할 이별의 대상이다. 상실감, 박탈감, 무엇보다 부당하게 빼앗겼다는 느낌, 상실로 인해 수치와 모욕감마저 느낀다면 더욱이 애도의 대상이다.

어느 분이 남편과 사별을 한 후 6개월 동안 못견뎌했다. 남편이 떠나갔다는 사실 뿐 아니라 남편 잃은 미망인이라는 사실에 수치심마저 느껴졌기 때문이라는 것이다.

이혼한 어느 남성도 상실감에 덧붙여 수치감이 따라 다니며 자기를 한동안 괴롭히더라는 것이다. 사실 전혀 수치스러울 일도 없는데 내면의 이별정리가 되지 않음으로 추가적인 감정손실이 있었던 것이다.

당신에게도 이런 감정이 응어리로 마음 저변에 남아있는가? 충분히 애도하라. 충분한 슬픔을 나타내라. 충분한 애석함을 표현하라. 언제까지? 더 이상 미련이 남지 않을 때까지!

속으로 눌러 삭인 감정은 어느 순간 미련으로 남아 나를 괴롭힌다. 그러므로 그 감정을 저 밑바닥에서부터 홀홀 털어내는 작업이 필요하다.

내적치유에서 내면의 감정을 표현하도록 유도하는 것도 이런 이유 때문이다. 심지어 욕설, 원망, 고래고함, 통곡을 뿜어내도록 하는 것은 그러면서 내면에 쌓인 짐들에서 벗어나도록 하려는 의도이다.

표현하게 하는 것은 잘 하는 것이다. 인간이 무쇠가 아닌 다음에야 내면의 감정을 꾹꾹 눌러 그저 삭이라고만 할 수는 없지 않은가?

김형경님이 지은 "좋은 이별"푸른숲이라는 책을 읽은 적이 있다. 이별을 제대로 못하면 화병 증상이 나타난다는 것이다. 가슴이 답답하거나 두근거리거나 꽉 막힌 듯한 느낌이 난다는 것이다. 수족냉증, 안면홍조, 두통, 이명, 위장장애, 체중증감, 팔다리 쑤심, 만성피로, 작은 소리에 깜짝 놀람, 꿈을 꾸고 깊은 잠을 못 잠, 분노, 신경질, 의욕저하, 우울, 피해의식, 불안, 허탈감, 공황, 기억력 감퇴... 이런 것들이 애도를 제대로 해내지 못한 잔여물로 남는다는 것이다.

다윗도 애도를 제대로 하지 않았으면 무거운 마음이 평생 갔을 것이다. 양심에 가책마저 느꼈을 것이다. 특히 요나단에 대해서…'그가 내게 얼마나 잘해줬는데…' '나만 이렇게 잘 먹고 잘 살다니…' '애도조차 하지 않는 나는 나쁜 놈이야.' 큰 빚 덩어리가 가슴을 누르는 체험을 여러 번 했을 것이다.

사울에 대해서도 그랬을 것이다. '어찌 되었든 그도 하나님이 세우신 왕이었는데…' '그는 전장에서 비참하게 죽었어…' '이제 내가 보란듯이 그 자리를 차지하고 있어…' 뭔가 석연치 않은 미처리 감정이 그를 괴롭혔을 것이다.

그러나 다윗은 애통하며 애도했고 애도한 무리들에게 상을 수여하기까지 함으로 사울일가를 향한 애도 작업을 완벽하게 마쳤다. 그리고 나서 자유롭게 자기 인생길을 걸어갔다.

당신의 애도 대상은 무엇인가? 당신 자신만의 애도 방식으로 표현하라. 이별의 충분한 이유를 글로 적어라. 기도로 고백하라. 그리고 정리하라. 무엇보다 하나님 앞에서 정리하고 떠나보내라.

한 번에 완결되지 않을 수도 있다. 그렇다면 또다시 애도 작업을 시작하라. 그가 얼마나 큰 아픔을 주었는지, 얼마나 나를 힘들게 했는지, 얼마나 내가 억울했는지, 왜 내가 이 일을 당해야했는지…

어느 목사님이 젊은 시절 너무 억울한 일을 당해서 기도할 때마다 떠오르더라는 것이다. 그래서 그 사람을 욕하고 또 욕하고 하는 일을 반복하면서 주님 앞에 그를 벌해달라고 간청했다. 그러던 어느 날 주님께서 이렇게 응답하시더란다. "이제 그만하면 됐다..."

그런데 놀랍게도 이런 음성을 듣는 순간 마음이 후련해지면서 그 사람을 미워하는 감정이 없어지고 관계의 앙금이 사라지면서 마음이 후련해지더라는 것이다. 그를 미워하는 감정이 애도를 통해 정리된 것이다.

내면의 감정을 억누르지 마라. 그렇다고 이걸 가지고 야단법석을 떨지는 마라. 하나님 앞에 나가서 처리하라. 때로는 통곡이 필요할지도 모른다. 그럴 때는 실컷 통곡하라. 당신의 내면에 울고 있는 자아가 원도 한도 없이 울도록 문을 열어주라. 그리고 앞으로는 삶속에서 억눌린 감정이 계속 쌓이지 않도록 그때그때 애도의 감정을 표현하며 살아라.

나도 과거에 애도 감정을 제대로 표현 못한 부분이 있다. 그것은 무엇보다 약자의 입장에서 강자의 비위를 맞춰주었다는 부분이었다. 큰 조직, 윗사람, 성도, 심지어 일반 사람들에게도 목사로서 이미지 관리를 위해서, 그리고 헌신할 자들에게는 더욱 양보하는 심정으로 그들을 갑의 자리에 올려두고 내 감정표현을 억눌렀던 부분이 없지 않았다.

어쩌면 필요한 일이었을지도 모른다. 그러나 애도의 감정을 누적시킬 정도로는 나가지 말아야 했었다. 어쨌든 지금은 이런 부분에서 애도감이 남지 않도록 그 자리에서 감정처리를 하려고 애쓰는 것을 보면 과거에 쌓인 미처리 애도 감정이 못내 아쉬웠던 것은 사실인가보다.

자, 이제부터는 새로운 패턴의 인생을 살아가도록 하자. 애도의 표현능력을 기르는 삶 말이다. 애도할 수 있을 때, 그리고 애도할 필요가 있을 때 마음껏 남김없이 애도할 수 있는 삶을 살자. 그리고 동시에 준비된 삶을 살자. 상실에 다가왔을 때 또 다른 대안으로 상실을 극복할 수 있어야 하겠기에 말이다.

어느 자매님이 직장에서 부당하게 해고 통보를 받았다. 그런데 대안이 준비되어 있지 않았다. 고스란히 억울함을 누르며 밀려나와야만 했다. 그때 그는 느꼈다. 이 날을 미리 준비하고 대비했었더라면 오늘의 서러움은 오히려 영광을 보여주는 기회가 되었을텐데... 해고 직후에 보란듯이 멋진 업적을 내놓았다면 얼마나 통쾌한 뒷마무리가 되었을까마는 아쉽게도 그 당시에는 대안이 없어 속앓이만 하고 말았다고 한다.

상실의 순간도 당당히 맞이할 수 있는 나만의 그것이 준비되어야 한다. 그러면 상실에 맞서는 준비된 대안을 통해 애도표현이 되기 때문에 한이 남지 않는다. 상실이 오기 전에 상실이 올 것을 준비하고 상실이 왔을 때 충분한 애도를 함으로 이별이 줄 수 있는 상처에 맞짱뜨는 고수가 되기를 바란다.

3. 이별 속에 담긴 섭리로 내일을 열어가라

다윗에게 다가온 이별 속에는 하나님의 섭리가 담겨 있었다. "사울이 죽은 것은 여호와께 범죄하였기 때문이라 그가 여호와의 말씀을 지키지 아니하고 또 신접한 자에게 가르치기를 청하고 여호와께 묻지 아니하였으므로 여호와께서 그를 죽이시고 그 나라를 이새의 아들 다윗에게 넘겨 주셨더라" 역대상 10:13-14

사울의 죽음은 그의 죄악 때문에 하나님께서 사울의 때를 마치시고 다윗의 시대를 열어주시려는 계획이었다. 그래서 사울은 길보아 전투에서 전사하고 다윗은 그로 인해 이스라엘 2대왕의 자리에 올랐던 것이다.

이별과 상실을 경험할 때 해야 할 일이 있다. 그 속을 파헤쳐 하나님의 섭리를 발견하는 일이다. 요셉이 팔려간 것은 가족과 고향과의 이별이었고 기존의 누림을 박탈당하는 상실이었다. 하지만 그 속에는 이스라엘을 기근에서 건지시려는 하나님의 오묘한 섭리가 있었다. 아모리 족속의 죄악이 관영할 때까지 이스라엘을 가나안이 아니라 애굽에 머물게 하시려는 하나님의 섭리였다.

이스라엘 백성이 바벨론 포로로 사로잡혀 갈 때도 그것은 고국을 떠나는 이별이요 집과 토지를 빼앗기는 상실이었다. 하지만 그 속에는 70년이 차면 다시 고토로 귀환해서 하나님 안에서의 삶이 얼마나 귀한 것인지 알고 주님을 잘 섬기는 백성이 되게 하시려는 섭리가 있었다.

당신에게 다가온 이별이나 상실은 인생의 끝을 알리는 에필로그가 아님을 기억하라. 남편의 죽음도, 아내와의 사별도, 부모님의 돌아가심도, 형제자매를 잃음도... 그것은 인생의 끝이 아니라 오히려 인생을 열어주시는 하나님의 시발점이다.

성경은 사울이 죽은 후 다윗이 이스라엘 왕으로 새 인생을 열었음을 보여준다. "이에 이스라엘의 모든 장로가 헤브론에 있는 왕에게로 나아가니 헤브론에서 다윗이 그들과 여호와 앞에 언약을 맺으매 그들이 다윗에게 기름을 부어 이스라엘의 왕으로 삼으니 여호와께서 사무엘을 통하여 전하신 말씀대로 되었더라" 역대상 11:3

이 사실을 알고 있었는가? 이별도 상실도 새 인생을 여는 하나의 분기점이 된다는 사실을... 이 사실을 제대로 알면 이별과 상실의 아픔을 통해 인생을 발전시키는 사람이 된다.

C.S. 루이스는 영국이 낳은 유명한 크리스천 작가이다. 그는 많은 역경을 거친 작가로 사랑하는 아내를 잃는 상실의 아픔마저 겪은 사람이었다. 그런 그가 성공할 수 있었던 것은 아내가 이렇게 속삭이는 듯한 음성을 듣고 힘을 얻었을 때부터였다고 술회한다. "여보, 힘을 내세요. 슬픔을 당한 곳은 눈물의 골짜기지만 그 곳은 또 다른 삶의 시작이랍니다."

당신의 인생에 다가온 일체의 상실 앞에서 그 속에 담긴 하나님의 섭리를 발견하라. 그러면 당시에는 상실이라고 여겨졌던 것이 오히려 큰 축복이었음을 세월이 흐른 후 알게 될 것이다. 이런 일이 당신의 삶속에 심심찮게 있을 것이다.

이런 차원에서 십 수년 전에 쓴 자작시를 함께 나누고자 한다.

상실이 주는 의미

손을 뻗어도 잡을 수 없는 것은
더 좋은 것이 기다린다는 뜻입니다.

목 놓아 외쳐도 돌아보지 않는 것은
더 좋은 사람이 기다린다는 뜻입니다.

아무리 달려도 다다를 수 없는 것은
더 고상한 목표가 달리 있다는 뜻입니다.

몸부림을 치더라도 응답이 없는 것은
더 적절한 시간이 오고 있다는 뜻입니다.

사방을 둘러봐도 막막하기만 한 것은
위에 계신 하나님만 보면 된다는 뜻입니다.

-주님의 뜻을 어렴풋이나마 깨닫고 나서-

연이은 7번의 창업과 7번의 실패로 노숙자가 되었지만 다시 일어나 여덟 번째 사업에 성공한 골든 브릿지 L 회장의 이야기를 들은 적이 있다. 그는 실패와 상실이 오히려 용기와 도전정신을 주는 역할을 했다고 한다. 채무에 시달리고 알거지까지 되어 본 그에게 이제는 그 어떤 것도 두려움으로 다가오지 않는다고 했다.

당신에게 다가온 일체의 상실 체험 속에는 하나님의 섭리가 개입되어 있음을 감지하라. 그 상실을 어떤 식으로 활용하느냐에 따라 차후의 삶은 차원을 달리할 수 있다. 그 속에서 움직이는 하나님의 손길만 제대로 발견해도 상실은 오히려 전화위복이 되어 인생의 깊이를 한층 더해줄 것이다.

이런 차원으로 볼 때 사도바울이 배운 일체의 비결 속에는 이별과 상실의 아픔 속에 깃든 하나님의 섭리 발견이라는 부분까지 포함되어 있는 것 같다. "나는 비천에 처할 줄도 알고 풍부에 처할 줄도 알아 모든 일 곧 배부름과 배고픔과 풍부와 궁핍에도 처할 줄 아는 일체의 비결을 배웠노라 내게 능력 주시는 자 안에서 내가 모든 것을 할 수 있느니라" 빌립보서 4:12-13

모든 상실 가운데서 일체의 비결을 발견하려면 그 속에 깃든 하나님의 섭리를 발견하면 된다. 그러면 바울처럼 능력 주시는 주님 안에서 모든 것을 할 수 있는 위대한 승리자가 될 수 있다.

어느 중년 자매님 이야기이다. 몇 년 전 남편이 갑자기 사망하는 일이 발생했다. 평소 부부사이가 애정이 돈독했던 터라 그 충격과 상실감은 이루 말할 수 없었다고 한다. 기절하기를 몇 번이나 했고 남편의 흔적이 있는 자리를 볼 때마다 견딜 수 없는 슬픔이 올라오더라는 것이다.

남편과 함께 걸었던 숲속 길이나 그 길에 놓인 벤치를 볼 때도 슬

품에 오열했고, 남편이 사용하던 밥그릇을 볼 때도 울음이 터져 나왔고, 남편 서재로 쓰던 방에 들어갈 때마다 생전의 남편이 책상 앞 의자에 앉아 있는 것 같은 착각에 견딜 수 없더라는 것이다. 이렇게 살자니 삶이 말이 아니었다고 한다.

그러던 어느 날 이 자매님은 깨달았다. '아!~ 남편과 동행하는 인생이라는 하나님의 계획이 여기서 막을 내린 것이로구나!' 그 생각이 들자 이제는 떠나간 남편을 놓아주어야한다는 마음이 들더라는 것이다. '그래야 그도 편하고 나도 편할 것 아닌가!' 이런 깨달음이 번득 스치면서 슬픔으로 억눌리던 가슴이 뻥 뚫리는 것 같더니 그때부터 삶이 점점 자유로워지더라는 것이다. 이별 속에 담긴 하나님의 섭리를 깨달으면서부터…

곁에 있는 그 누군가가 떠났는가? 너무 멀리 떠나 이 세상에서는 더 이상 만날 수 없는 먼 곳까지 가버렸는가? 그를 놓아주라.

아직 내 주변에 있긴 하지만 배신의 상처로 내 가슴을 난도질하고 가버린 사람이 되었는가? 그도 놓아주라. 그가 차지했던 마음의 자리를 정리하라.

무작정 정리하는 것이 아니라 하나님의 섭리라는 관점으로 정리하라. 만남의 구도 속에서 내 인생을 이끌어주셨던 하나님이 이제 이별이라는 구도 속에서 변함없이 내 인생을 이끌고 계시는 모습을 바라보면서 정리하라. 어쩌면 더 위대한 차원으로 이끌고 계시는지도 모른다. 이런 의미로 다시 한 번 자작시를 올린다.

만남

우리의 만남에는 뜻이 있습니다.
우리의 헤어짐도 뜻이 있습니다.
사람들은 이것을 인연이라 부르지만
우리는 이것을 섭리라 말합니다.
이 순간 서로가 한곳을 바라보는 것도
그분의 섭리를 이루기 위함입니다.

가을에 거리를 지나면 발에 밟히는 것이 여기저기 떨어진 낙엽들이다. 나무가 그간 함께 했던 잎들과 이별한 모습이다. 만일 나무가 잎들을 잃었다고 애통만 하고 있다면 어떠할까?

하지만 나무는 그렇게 하지 않는다.

새순을 틔우게 될 봄을 바라보며 내면의 양분을 축적하고 겨울을 잘 견디기 위해 뿌리를 단단히 내리는 작업을 한다. 그래서 봄이 오면 파릇파릇 새순을 내고 이어서 싱그러운 신록의 계절을 만들어 또 다른 삶을 시작하는 것이다.

이제부터 이별을 두려워하지 말자. 오히려 이별을 달갑게 맞자. 그러면 새순이 돋아나는 봄처럼 소생하는 새 인생의 기쁨이 솟아오를 것이다. 이별의 아픔조차도 하나님의 섭리라는 용광로에 넣어 새 인생을 건져내는 당신은 진정한 "퍼스트 클래스" 강자가 아니겠는가?

F.**I**.R.S.T.C.L.A.S.S

나눔

Imparting

Give 할수 있는 것으로
기부하라

2

Give 할수 있는 것으로 기부하라

노가미 히로유키가 지은 "미래를 바꾸는 습관"행간 이라는 책이 있다. 20대에 세일즈맨으로 출발한 후 어떻게 하면 판매를 올릴 수 있을까를 고심한 저자의 성공담이다. 그는 10개국에 판매조직을 구축하고 인재육성 컨설팅 회사인 썩세스 팩토리 인터내셔널Success Factory International 설립 대표이사의 자리까지 올랐다.

이 책은 여러 가지 성공 노하우를 말하고 있는데 그 중 눈에 띄는 것이 "보수는 타인에게 가치와 기쁨을 제공한 대가다"와 "받는 것을 기본으로 하기 때문에 결과가 나오지 않는다"라는 대목이다. 성공하려는 사람은 남에게 받을 것에 집착하지 말고 상대에게 어떻게 "기브Give"할지 생각해야 한다는 주장에 고개가 끄덕여졌다.

이것은 크리스천의 삶을 성공으로 이끄는 법칙이기도 하다.

예수님께서도 "주라 그리하면 너희에게 줄 것이니 곧 후히 되어 누르고 흔들어 넘치도록 하여 너희에게 안겨 주리라" 누가복음 6:38고 하셨다. 주는 삶을 사는 것은 이처럼 하나님의 뜻이다.

그런데 한 가지 질문이 생긴다. "무작정 주기만 하면 되는 것인가?" 즉, "어떻게 주는 것이 제대로 잘 주는 것인가?"라는 의문이다. 주고 나서 '정말 효과적으로 주었구나! 주었더니 이렇게 보람이 있을 수가...'라고 평가할 수 있는 기부가 되어야 한다. 이를 위해 3가지 기준을 알려주고 싶다.

1. 줄 수 있는 것과 줄 수 없는 것을 구분하라

성경 인물 중 효과적인 기부행위에 성공했던 사람으로 베드로와 요한이 있다. 이 두 사람은 제 9시 기도시간에 성전으로 올라가고 있다. 유대인은 하루에 3번 기도시간을 가졌는데 3시, 6시, 9시의 기도가 그것이다. 유대인의 시간을 오늘날 우리 시간으로 계산하려면 6시간을 더하면 된다. 그러므로 베드로와 요한이 성전에 올라간 시간은 오늘날 시간으로 오후 3시에 해당된다.

이 때 이들은 한 사람의 거지와 맞닥뜨리게 된다. 성전 출입자들에게 구걸하도록 해 주기 위해 사람들이 날마다 미문 앞으로 메어오는 거지였다. 미문은 이방인의 뜰에서 여인의 뜰로 들어가는 문이며

니가노르문이 본명인데, 고린도산 황동으로 장식된 아름다운 문이었기 때문에 "미문Beautiful Gate"이라는 별명이 붙었다.

이리로 메어져오고 있던 거지는 중증 장애인 거지였다. 태어나서 한 번도 걸어본 적이 없고 아예 일어선 적도 없는 사람이었다. 이 거지는 40이 넘은 사람으로사도행전 4:22 몸이 불구이니 오랜 세월 구걸하면서 연명했던 사람으로 보인다. 그런데 오늘 그의 일생일대에 놀라운 사건이 발생한다. 지금까지 구걸한 구걸 여정에서 그 무엇과도 비교할 수 없을 큰 것을 받는 날이 왔기 때문이다.

크리스천이라면 누구나 잘 아는 이 에피소드를 굳이 언급하는 이유는 이 사건을 "준다Give"라는 면에 초점을 맞추어 풀어보고자 함이다.

이 기적이 일어나게 한 첫 단추는 무엇이었는가? 앉은뱅이가 열심히 구걸했기 때문인가? 아니다. 그는 매일 똑같은 자리에서 구걸했다. 여느 날과 다를 바 없었다. 따라서 오늘도 그 자리에서 구걸한 것은 특별한 기적을 낳게 한 시발점이라고 볼 수 없다.

그렇다면 무엇이 삶을 뒤집어 놓는 기적을 일으켰는가? 베드로와 요한이 자기가 줄 수 있는 것을 주었기 때문이다. "은과 금은 내게 없거니와 내게 있는 이것을 네게 주노니 나사렛 예수 그리스도의 이름으로 일어나 걸으라"사도행전 3:6

베드로는 제대로 알고 있었다. 자기가 이 앉은뱅이에게 줄 수 있는 것이 무엇이고 줄 수 없는 것이 무엇인지를... 그리고 그것을 분명히 명시했다. "은과 금은 내게 없거니와..."

그는 없는 것을 없다고 했다. 없으면서 있는 채 하면 안 된다. 없는 것을 있는 척하며 주겠다고 약속하면 나중에는 감당이 안 되어 곤경에 빠지고 만다. 기적은 커녕 재앙이 다가온다.

우리 크리스천은 남에게 베푸는 삶을 살아야 한다. 하지만 무조건 다 줘야 하는 것은 아니라는 사실도 알아야 한다. 없는 것은 줄 수 없다. 없는 것을 요구 받았을 때는 베드로처럼 "없다"라고 말하라. 그것은 내게 없기 때문에 내가 줄 수 있는 범위를 벗어난다고 밝히라. 이 부분에서 솔직해져야 한다.

내담자를 돕는 상담자가 자칫 메시아 신드롬Messiah Syndrome에 빠질 수 있다. 내담자를 위해 무조건 다 해주려는 태도가 그것이다. 실제로 상담을 하다보면 이런 욕구가 불끈 생기는 것을 느낀다.

직업이 없어서 상담하러 온 사람의 이야기를 듣다 보면 "내가 일자리를 구해주면 문제가 해결될 것 아닌가?"라는 생각이 든다. 돈이 없어서 고민하는 사람을 상담하다가 이런 적도 있다. "단돈 50만원 때문에 이렇게 고민하는 거예요? 지금 송금해드리겠습니다."

여유가 된다면 이렇게 도와주는 것도 나쁠 것은 없다. 하지만 이런 자세로 매번 임하다가는 조만간 거덜 나고 만다. 그러므로 상담을 하던 어떤 사역을 하던 적정선을 넘지 말아야 한다.

아들의 입학을 위해 상담하고 기도를 요청한 분이 있었다. 처음에는 상담으로 시작했는데 갈수록 업무도움 쪽으로 방향이 달라졌다.

"이 학교는 어때요?"라는 질문으로 시작해서 점점 구체적으로 알아봐 달라는 쪽으로 바뀌기 시작했다. 그것은 내가 할 일의 범위를 넘어선다는 생각이 들었다. 그는 미안했는지 이렇게 묻는다. "바쁘셔서 시간이 없지요?" 그때 나는 "네, 맞습니다. 자매님이 직접 하세요"라고 단호히 말했다.

"튀는 인생" 출판 후 산간벽지 목회자들에게 무료증정 선물 이벤트를 한 적이 있었다. 어려운 목회자들도 많았지만 개중에는 형편이 괜찮은데도 무료로 책을 받고자 하는 분들도 없지 않았다. 웬만한 경우에는 원하는 분들에게 선물을 해드렸다.

그후 책을 받은 독자들 중 몇 분은 전화 상담을 요청하기도 했는데 한 남성은 부부문제를 상담한 후 자기의 멘토가 되어 달라며 매일 전화 상담을 해달라고 요청했다. 나는 정중히 거절했다. 그것은 내가 해야 할 범위를 넘어서는 것이었기 때문이다.

그리고 이런 생각이 들었다. '외로움에 시달리는 특정인을 매일 상담해 줄 수는 없지만 동일한 정서와 필요를 가진 사람들을 한꺼번에 모아서 세미나를 하는 것은 괜찮겠구나... 이것이 내가 줄 수 있는 것과 줄 수 없는 것의 경계선이니 말이지.'

한편, 있는 것조차 안주려고 버틸 필요도 없다. 베드로와 요한이 자기에게 있는 것조차 안 주려고 했다면 앉은뱅이는 어떻게 되었을까? 아무 기적도 체험하지 못하고 그날도 전날처럼 몇 푼 동냥하고 또 사람들에게 떠메어진 채 집으로 갔을 것이다.

하지만 베드로가 "내게 있는 것으로 네게 주겠노라" 하면서 가진 것을 그에게 주었을 때 치료의 기적이 나타났다. 나눌 때 기적이 나타난다. 슬픔 당한 자와 나누면 마음의 치료라는 기적이 나타난다. 절망한 자와 나누면 소망이 불현듯이 솟아오르는 기적이 나타난다. 아픈 자와 나누면 병이 치료되는 기적까지 나타난다.

현대인들은 소외현상이 극에 달했다고 봐도 과언이 아니다. 나눌 이가 없다는 사실에 견딜 수 없어 한다. 자살하는 이유도 함께 나눌 이가 없다는 외로움이 큰 비중을 차지한다. 자살하기 전 자기가 자살해야 할 이유를 진지하게 나눌 이만 있었더라면 쉽게 목숨을 버리는 일은 일어나지 않을 것이니 말이다.

초등학생 하나가 삶의 의욕을 잃었다고 하길래 사연을 들어보니 친구들이 자기를 왕따 시키고 벌레같이 보기 때문이라는 것이다. 이 아이는 그 때문에 학교도 가기 싫어했고 우울증 증상을 나타내기도 했다. 여러 달을 그렇게 힘들게 지내다가 한 친구의 도움으로 주변 친구들과 교우관계를 회복하기 시작했다.

그때부터 이 아이의 삶은 달라지기 시작했다. 풀이 죽었던 아이가 그때부터 생기를 회복하고 학업능률이 올라가면서 성적도 오르기 시작했다. 거부당하고 혼자라는 의식에서 이제 함께 나눌 친구들이 생겼다는 안도감이 들자 삶 전체가 달라지기 시작한 것이다.

오래 전에 나온 가요 중 '빈 의자'라는 노래 가사가 지금도 생각나는 것을 보면 공감대 형성을 많이 했던 노래였던 것 같다.

서 있는 사람은 오시오 나는 빈 의자
당신의 자리가 돼드리리다
피곤한 사람은 오시오 나는 빈 의자
당신을 편히 쉬게 하리다
두 사람이 와도 괜찮소, 세 사람이 와도 괜찮소
외로움에 지친 모든 사람들 무더기로 와도 괜찮소
피곤한 사람은 오시오 나는 빈 의자
당신을 편히 쉬게 하리다

일찍 죽는 사람과 오래 사는 사람의 차이를 적은 인터넷 글을 본 적이 있다. 미국인 7,000명을 대상으로 9년간 조사한 후 흥미로운 결과가 나왔다는 것이다.

단명과 장수하는 사람의 차이는 흡연, 음주, 경제상황과 같은 것도 영향을 줄 수 있지만 결정적인 요인은 달리 있는 바, 장수하는 사람의 공통적인 특징은 친구의 수가 많다는 사실이다. 친구의 수가 적을수록 쉽게 병에 걸리고 일찍 죽는 사람이 많은 반면 친구가 많고 그들과 보내는 시간이 많을수록 스트레스가 줄며 건강한 삶을 살고 있다는 것이다.

그리고 친구를 이렇게 정의했다. "친구란 문제가 생겼을 때 의논하고 싶어지는 사람이다. 친구란 마음이 아프고 괴로울 때 의지하고 싶은 사람이다. 친구란 슬플 때 기대어서 울 수 있는 어깨를 가진 사람이다. 친구란 내가 울고 있을 때 그의 얼굴에도 몇 가닥 눈물이 보이는 사람이다..."

외로운 자의 외로움을 나눌 때 삶의 의욕을 주게 되고, 지식을 나눌 때 지식이 전수되고 학문이 발전한다. 사실 지식이 진정 내 것으로 내면에 자리 잡는 것은 배울 때보다 가르칠 때이다. 내 경우에도 성경공부를 제대로 했던 통로는 대체로 설교준비를 하면서였다.

분명히 나는 설교를 하는 자의 입장이었고 성도들은 배우는 자의 입장이었지만 결과적으로는 내가 더 성경공부를 한 셈이 되었다. 주일 설교준비를 하면서 해당 본문을 샅샅이 연구하게 되었고 새벽설교를 통해서 성경을 하루 몇 구절씩 묵상하며 성경전체를 파악하는 데 큰 도움이 되었다.

이런 면에서 선생님이 제자보다 많이 아는 이유는 배울 때보다 가르치면서 공부가 더 되기 때문이 아니냐는 생각마저 든다.

나는 영어를 그다지 잘 하는 편은 아니지만 영문법에 관해서만은 거의 마스터를 하고 있다. 그래서 타 영어실력에 비해 문장력이 있다.

영문법을 체계적으로 정리하게 된 동기 역시 남들을 가르치면서였다. 다양한 영문법 교재를 사용해서 여러 사람들에게 영문법을 가르친 일이 많다 보니 나중에는 책을 거의 외워서 가르칠 수 있을 정도가 되었다.

신학교와 목회대학원에서 강의를 하면서도 해당 분야의 지식을 배우는데 도움이 되었다. 스승이 자기 지식과 기술을 아낌없이 나눠주면 제자는 발전하고 스승은 거장이 된다.

물질도 나눌 때 피차간에 풍성해진다. 내가 아는 집사님 한 분은 사람들에게 계속 나눠주는데 어디서 생기는지 계속 들어온다고 한다. 그분은 모임이 있으면 참석자들에게 무언가 선물을 주는 게 습관화 되어 있었다. 집에 있는 올리브유나 새로 산 립글로스, 액세서리 등을 가지고 와서 선물한다. 참기름, 고춧가루, 고추장, 과일, 배추, 들깨를 가져온다.

교회에서 수요 점심식사를 하던 때는 집에서 밥과 반찬을 장만해서 바리바리 싸가지고 온다. 내가 그만 하라고 말릴 정도로 가져온다. 그런데 하나님께서 계속 보내주신다고 한다. 이것이 기적이다. 하나님께서 나누는 자에게 자꾸 더 주시는 이유는 그 사람에게 주면 알아서 잘 나누니까 안심하고 맡기시는 것이다.

당신이 줄 수 있는 것이 무엇인가 찾아보라. 그것을 나누라. 동시에 줄 수 없는 것이 무엇인가 파악하라. 그것은 내게 없다고 말하라. 그래야 상대방도 기대의 범위를 정한다.

만일 베드로가 앉은뱅이에게 "네가 원하는 모든 것이 내게 있으니 다 주겠다"고 약속했다 해 보자. 앉은뱅이는 일어나 걸은 후에 뭐라고 했겠는가? "그런데 은과 금은 언제 주나요?"

다리를 고쳐주고 나서도 오히려 변명과 사과를 해야 할 곤경에 빠졌을지도 모른다. "내 본심은 사실은 그런 뜻이 아니고 다리만 고쳐주겠다는 뜻이었는데…"라는 등의 변명 말이다.

물에 빠진 사람 건져줬더니 내 보따리는 어디 갔느냐고 내 놓으라고 한다는 속담이 있다. 이것이 사람의 심리이다. 그러므로 줄 수 있는 것과 줄 수 없는 것의 범위를 명시하고 적절한 선을 긋는 것이 필수적이다.

몇 년 전 아프리카 출신 사역자 한 분이 우리 교회에서 영어예배 설교를 한 적이 있다. 어느 날 내게 부탁이 있다며 하는 말이 국내체류 비자가 만료되었으니 비자 연장을 도와달라는 것이다. 그래서 우리 교회에서 발부할 수 있는 몇 가지 서류를 요청대로 해 주었다. 며칠 후 저녁에 전화가 왔다. 출입국관리소인데 빨리 와서 관계자 설명을 듣고 조치를 해 주어야 일이 된다는 것이었다.

택시를 타고 급하게 달려가 보니 상황은 내가 생각했던 것보다 훨씬 복잡했다. 그리고 처음에 이해했던 부분과 조금씩 달라지고 있는 느낌이 들었다. 그럼에도 불구하고 내게 있는 것 이상으로 도와주어야겠다고 팔을 걸어 부치고자 했다.

그런데 이 와중에 어떤 한 가지 사소한 일을 통해서 성령님께서 내게 깨달음을 주셨다. 나의 도움은 어느 선을 넘어가서는 안 된다는 사실이었다. 또한 그럴 필요도 없다는 사실이었다. 나는 즉시 메일로 내 입장을 정확히 알렸다.

"성령님께서 모든 것을 주관하십니다. 우리 측에서도 할 수 있는 일이 있다면 돕겠지만 우리에게 의지하지 말고 달리 방법을 모색하십시오. 상황의 진행을 보니 우리는 현시점에서 아무것도 보장해 줄 수 없을 것 같습니다."

이런 이메일을 보내고 나니 내 입장을 제대로 정리했다는 느낌이 들었다. 그는 지금 아프리카로 돌아가 본국에서 사역을 잘 하고 있다.

당신에게 있는 것은 무엇인가? 은과 금인가? 아니면 또 다른 것인가? 줄 수 있는 것과 줄 수 없는 것을 파악하라. 그리고 줄 수 있는 것으로 도움의 손길을 내밀라.

2. 주기로 했으면 적극적으로 지원하라

베드로는 앉은뱅이와의 관계에서 무엇을 주어야 하는지 정확히 파악한 후 그때부터 적극적인 도움의 손을 내밀었다. "나사렛 예수 그리스도의 이름으로 일어나 걸으라 하고 오른손을 잡아 일으키니" 사도행전 3:6,7

예수님의 치료능력을 앉은뱅이에게 전달함으로 그를 치료해 주어야 함을 안 베드로는 적극적으로 이 사역을 시작한다.

❶ 일어나 걸으라 명령했다.

❷ 일어나 걸을 수 있도록 손을 잡아 일으켜주었다.

당신이 도움을 주기로 결정한 사람에게도 이렇게 두 가지를 하면 된다.

▌1▐ 말로 도와준다

언어 지원이다. 말에는 보이지 않는 힘이 들어 있다. 언어는 삶을 변화시킨다. 도와줄 사람을 격려하고 아이디어를 제공하고 대화하라. 혼자가 아니라 누군가 함께 하고 있음을 알리고 용기를 북돋아 주라. 더 나아가 그를 위해 선포하라. "일어나 걸어라! 열려라! 문제는 해결되라! 좋은 일이 일어나라! 축복이 임하라!"

중보기도는 언어적인 큰 지원방법이다. 기도하며 선포할 때 하늘의 문이 열리고 그 사람의 삶이 달라진다. 자녀를 적극 돕고 싶으면 무엇보다 중보해 주라.

사역자들은 특히 상담을 통해서도 성도들을 많이 돕는다. 성도들은 상담을 받으러 와서 심령의 힘을 얻고 돌아간다. 상담을 하다보면 많은 분들이 이런 인사를 하고 간다. "목사님 말씀 듣고 힘을 얻었어요. 이제 혼자서도 잘 걸을 수 있을 것 같아요. 저에게 새 힘을 주셔서 감사합니다."

나는 단지 그분의 문제를 듣고 아픔을 공감하고 할 수 있다는 자신감을 심어주며 격려해 준 것 뿐인데 이런 언어지원이 상대방에게는 큰 힘이 되었던 모양이다.

어느 분이 내게 이런 칭찬을 해 주었다. "목사님은 공감을 잘 하시는 게 큰 장점이에요." 듣고 보니 틀린 말은 아니었다. 나는 누가 말을 하면 "아, 네~ 그러셨군요…"라는 말을 잘 한다. 그것도 부족해서 고개를 자주 끄덕이다 보니 사람을 만나고 돌아오면 목이 뻐근한 적이 많다. 어쨌든 상대방 입장에서는 인정받았다는 느낌과 자기 목소리가 이해되었다는 안도감에 기분 좋은 힘을 얻는 것 같다.

2 행동으로 도와준다

베드로는 앉은뱅이가 일어서도록 적극적인 힘을 실어줬다. 오른손을 잡아서 일으켜 세운 행동이 그것이다. 만일 앉은뱅이 혼자서 일어나도록 기다렸다면 그는 계속 주저앉아 일어서지 못했을 것이다. 한 번도 일어서서 걸어본 적이 없는 사람이기에...

도움을 받는 사람은 힘이 없어서 도움을 받는 것이다. 자기 혼자서 다 할 수 있으면 남의 도움이 왜 필요하랴? 혼자서 할 수 없는 안타까운 입장이므로 마침내 남의 도움이 필요한 것이다. 그러므로 구체적인 지원이 필요하다. "만일 형제나 자매가 헐벗고 일용할 양식이 없는데 너희 중에 누구든지 그에게 이르되 평안히 가라, 덥게 하라, 배부르게 하라 하며 그 몸에 쓸 것을 주지 아니하면 무슨 유익이 있으리요" 야고보서 2:15-16

돕기로 했으면 상대방이 실제로 필요로 하는 것을 주어야 한다. 도와야 할 대상이 지금 무엇을 필요로 하는지, 내가 구체적으로 무엇을 지원해야 하는지 찾아보라. "나는 아무개를 돕기로 결정했는데 어떤 도움을 구체적으로 주면 되는가?"

몇 년 전 필리핀 신학교를 돕기로 한 적이 있다. 어느 날 아침 담당 선교사님으로부터 전화가 왔다. 잠발레스로 신학교를 이동하는데 책걸상 사야한다는 것이었다. 전화를 받은 당일 아침 즉시 송금했다.

그쪽에서 도와달라고 한 것도 아니다. 내가 들어보니 돈이 필요하다는 판단이 들어서 보내겠다고 했고 상대방은 필요한 자금을 얻었다고 매우 기뻐했다. 송금을 한 결과 책걸상을 쉽게 구입해서 학교 이전과 운영을 효율적으로 하고 있는 모습을 사진을 통해 보고 흐뭇했다.

인도 국경지대 고아원과 학교에도 필요한 자원을 계속 지원하고 있다. 아무것도 부족함 없이 해주고 있다. 건물들을 세운 후에도 산골짜기를 다니자니 미니밴이 필요하다고 해서 구입해주었고 티비가 필요하다고 해서 대형 평면 티비를 사주었고 아이들 놀이터가 필요하다고 해서 미끄럼틀, 그네, 시소를 설치해주었다. 선교사님 댁 컴퓨터와 스마트폰까지 말하기 전에 지원했다.

우리가 넉넉해서 돕는 것이 아니라 돕기로 결정했기 때문에 그분들이 궁핍함이 없도록 적극적으로 돕고 있는 것이다. 하나님께서 도우라고 하시는 동안은 풍성히 도와줄 필요가 있다. 감질나게 선교하는 것은 바람직한 현상이 아니다.

상대방에게 고통을 줘가면서 돕는 것보다 그가 기대하는 이상으로 돕는 것이 하나님의 방식이다. 누르고 흔들어 넘치도록 채우시는 하나님, 그리스도 예수 안에서 그 풍성한대로 우리 모든 쓸 것을 채우시는 하나님, 그러므로 우리도 이런 모습으로 도와야 한다.

이렇게 살다보니 내가 입는 옷은 저렴한 인터넷패션이 주종을 이룬다. 그나마 최근에는 옷을 거의 사지도 않았다. 이런 가운데 CBS-TV "세상을 이기는 지혜 솔로몬"에 출연했을 때 마땅히 입고나갈 옷이 없어 불편을 겪기도 했다. "내가 이렇게도 의상에 신경을 안 쓰고 살았구나..." 삶의 모양새가 눈에 확 들어오는 순간이었다.

한참을 고민하다가 여름 의상으로는 원단이 두꺼웠지만 몇 년 전 구입한 원피스를 입기로 했는데 나시형이라 팔의 노출이 부담스러웠다. 궁여지책으로 평소 잘 연출하는 식으로 롱 스카프를 활용해 소매를 만들었는데 방송이 나간 후 뜻밖에도 시청자들이 의상을 극구 칭찬하는 것이다. 팔막이로 걸친 흰 스카프를 망토로 보는 사람도 있었고 연예인 분위기가 나더라면서 역시 목사님은 의상에 세련된 감각이 있다는 것이다.

나누는 삶을 살다보니 하나님께서 별의별 은혜를 다 주시는 것 같다. 이왕 주시는 은혜라면 의상협찬을 하는 분들도 많이 보내주셨으면 좋겠다는 생각을 이 지면을 빌어 광고차원에서도 나누고 싶어진다.^^

나는 과거에는 내게 필요한 모든 것이 있어야 한다는 인생관으로 살았다. 그것도 넉넉하게 있어야 하며 없을 경우엔 왠지 불안감마저 느꼈다. 그런데 언제부터인가 인생관이 달라졌다. 내게 꼭 필요한 것 아니면 다른 사람에게 나눠주어야 한다는 인생관으로 말이다. 그래서 같은 물건도 여러 개가 있으면 답답함이 밀려든다.

나는 종종 옷가지를 정리한다. 철 지나면서 안 입는 옷들은 다시 재고해 본다. "과연 이것이 내가 보관하고 있어야 할 옷인가?" 양말, 신발, 수건, 그릇 등 내가 쓸 만큼 있으면 여분의 것은 필요한 사람에게 주는 것이 정석이다. 열 개고 스무 개고 내가 다 가지려고 하는 것은 욕심이요 그렇게 하면 인생이 번거로와진다. 당신에게 있는 살림살이가 너무 많다는 생각이 들지 않는가? 없어도 사는데 지장 없는 것들이 많을 것이다. 다 정리했으면 좋겠다.

적극적인 도움을 주는데 적용할 공식이 있다. "상대방은 필요로 한다. 나는 그것이 없어도 사는 데 지장이 없다. 그러면 줘야한다." 그것은 이미 내 것이 아니라 필요로 하는 그 사람 것이기 때문이다.

당신이 주어야 할 사람이 있는가? 적극적으로 확실하게 주어라. 하나님께서 주라 하시는 기간 동안 적극적으로 지원하라. 하나님이 역사하신다. 하나님이 기적을 베푸신다. 그들의 삶속에, 그리고 당신의 삶속에 축복을 베푸신다.

인도 선교지를 맡아서 운영하는 탐레인감 선교사님은 가끔 이런 고백을 한다. "저의 삶과 사역 속에 일어나고 있는 일은 하나님의 기적입니다. 오랜 기간 기도해 온 그 기도의 응답이기도 하구요." 선교사님 부부는 오랫동안 기도해왔던 기적이 글로벌선교센터를 통해 마침내 나타났다고 놀라움과 기쁨을 동시에 표현했다. 우리의 도움을 통해서 그분과 그 팀들의 인생이 변하고 있다. 얼마나 보람된 일인가? 이 일로 인해 우리 역시 축복과 상급을 받는다.

노량진 수산시장의 일명 "젓갈 할머니"로 불리는 분은 37년간 젓갈을 팔아 모은 돈으로 가난한 학생들을 위해 지금까지 20억 이상을 기부했다고 한다. 할머니는 어린 시절 가난했기 때문에 중학교를 진학하지 못한 것을 평생 한으로 안고 살다가 자신의 그 시절처럼 어려운 환경 때문에 학업을 하지 못하는 학생들을 돕기로 결심한 것이란다.

할머니에게 도움을 받은 학생들은 훌륭하게 성장해서 사장, 의사

등으로 사회의 일꾼이 되고 있다. 할머니의 기부행위는 도움을 받는 학생들의 삶을 열어주었을 뿐 아니라 젓갈 할머니 자신의 삶을 빛나게 해 주는 통로가 되고 있다.

587억원을 카이스트Kaist에 기부한 L 박사도 기부 후 숙면을 취하게 되었고 폐렴과 협심증도 없어졌다고 하면서 기부는 최고의 건강과 행복의 비결이라고 말했다고 한다.

당신이 누구에게 무엇을 주어야 한다면 그것이 복의 통로임을 알고 감사하라. 베드로와 요한은 앉은뱅이에게 필요한 것을 주므로 초대교회 부흥에 크게 기여하는 통로를 열 수 있었다. 겉으로 보기에는 베드로가 앉은뱅이에게 일방적으로 준 것 같지만, 이면적으로는 그로 인해 베드로의 위상이 높아지고 사명성취의 길이 열려졌다.

당신이 주고 있는 그 대상 때문에 당신 자신이 복 받는다는 사실에 주목하라. 당신의 인생이 열린다는 사실을 주목하라. 아낌없이 풍성하게 적극적으로 주는 인생, 그로 인해 더 풍요로워지고 행복해지는 인생, 이것이 퍼스트 클래스 인생의 승부수 밑받침이 아니겠는가?

3. 기부의 최종적인 이유와 목적이 마침내 드러나게 하라

베드로가 앉은뱅이 치유를 통해 최종목표로 삼은 것은 치유사건 자체가 아니었다. 그 사건을 통해 예수 그리스도를 증거하는 기회를 삼기 위함이었다.

　기적이 일어난 후 사람들이 솔로몬 행각에 모였다. 솔로몬 행각은 헤롯대왕이 성전을 확장할 때 지은 옹벽 가까이 위치한 곳으로 미문에서 솔로몬 행각까지는 137미터였다. 이곳은 벽 바로 안쪽에 큰 기둥들이 받치고 있는 지붕으로 덮인 넓은 장소였다.
　솔로몬 행각이라 불린 이유는 옹벽 기초석으로 사용된 돌의 일부가 마카비 시대에 속한 것이었는데 당시 사람들은 거칠고 불규칙한 형태를 헤롯 성전 건축자들이 놓은 돌과 비교해서 솔로몬시대의 돌로 잘못 추정해서 붙인 이름이라는 말도 전해진다.

　여기서 베드로는 놀라고 있는 무리를 향해 설교한다. 먼저, 병자를 고친 치료능력은 자신에게서 나온 것이 아님을 알린다. "이스라엘 사람들아 이 일을 왜 놀랍게 여기느냐 우리 개인의 권능과 경건으로 이 사람을 걷게 한 것처럼 왜 우리를 주목하느냐" 사도행전 3:12
　베드로는 이 시점에서 앉은뱅이 치료의 핵심적인 이유와 목적을 서서히 드러내기 시작한다. 이 치료는 내 능력으로 한 것이 아니라고 하면서 사람들의 관심을 더욱 부채질한다.

　분명히 자기가 고친 것을 사람들이 알고 있는데 자기 힘으로 한 것이 아니라니 무슨 말인가? 그럼 대체 누구의 능력으로 한 것이란 말인가?
　의구심을 가득 지닌 사람들을 향해 베드로는 그 능력은 다름 아닝, 그들이 십자가에 못 박은 하나님의 아들 예수 그리스도로부터 나왔다는 사실을 전한다. 이것이 베드로의 핵심적인 목적이었다.

"아브라함과 이삭과 야곱의 하나님 곧 우리 조상의 하나님이 그의 종 예수를 영화롭게 하셨느니라 너희가 그를 넘겨 주고 빌라도가 놓아 주기로 결의한 것을 너희가 그 앞에서 거부하였으니 너희가 거룩하고 의로운 이를 거부하고 도리어 살인한 사람을 놓아 주기를 구하여 생명의 주를 죽였도다 그러나 하나님이 죽은 자 가운데서 그를 살리셨으니 우리가 이 일에 증인이라" 사도행전 3:13-15

유대인들은 하나님을 부인할 수 없는 사람들이었다. 그런데 그 하나님께서 예수 그리스도를 부활하게 하심으로 그를 영화롭게 하셨다. 승천하신 예수님은 하나님 보좌 우편에서 영광을 받으신다. 그렇다면 예수님을 죽인 자기들의 죄는 얼마나 큰 것인가? 이방인 빌라도마저도 예수님을 놓아주려고 했으나 동족인 유대인들은 끝끝내 죽도록 아우성을 쳤다.

그런데 그 예수님이 이 병자를 고치셨다. 그렇다면 예수님은 지금 살아 계신가? 그렇다. 그 분은 지금도 살아계신다. 살아서 하나님 보좌 우편에 계시고 이 땅에서 성령으로 함께 계신다. 우리는 이 일의 증인이다. 이것을 다 지켜 본 목격자이므로 이 사실을 전할 수밖에 없다. 이것이 베드로가 가진 것을 나눈 후 전하고 싶은 목적의 핵심이었던 것이다!

한편, 예수님은 무엇을 매개체로 고치셨는가? 예수의 이름을 믿는 믿음을 통해서 고치셨다. "그 이름을 믿으므로 그 이름이 너희가 보고 아는 이 사람을 성하게 하였나니 예수로 말미암아 난 믿음이 너희 모든 사람 앞에서 이같이 완전히 낫게 하였느니라" 사도행전 3:16

누구의 믿음인가? 앉은뱅이의 믿음인가? 베드로와 요한의 믿음인가?

둘 다 정답이다. 앉은뱅이가 믿고 베드로와 요한의 믿음이 연합하여 기적을 나타낸 것이다. 앉은뱅이를 치료함으로 도와준 베드로와 요한의 궁극적인 관심과 목표는 바로 이 이름을 증거하는 것이었다.

남을 도와줄 때 최종목적을 잘 알아야 한다. 어떤 도움을 주던지 결과적으로 예수님이 나타나게 해야 한다. 그분의 살아계심이 증거되고 살아계신 그분께 영광이 돌아가게 해야 한다. 이런 목적으로 도움의 손길을 베풀 때 기적의 통로가 되고 축복의 문이 된다.

사람을 기준으로 하는 모든 일은 허무함으로 막을 내린다. 일회적인 사건으로 끝나버리고 더 나아가 실망과 배신감만 남길지도 모른다. 하지만 예수님을 전하기 위한 도움의 손길은 영원히 빛을 발하는 찬란한 열매를 맺게 해 준다. 그러므로 누구를 돕든지 최종목적은 예수 그리스도를 전파하고 그분을 드러내는 것이 되어야 한다.

사도바울의 고백도 그것이다. "그러면 무엇이냐 겉치레로 하나 참으로 하나 무슨 방도로 하든지 전파되는 것은 그리스도니 이로써 나는 기뻐하고 또한 기뻐하리라" 빌립보서 1:18

나는 먹을 것을 잘 나눠주는 편이다. 음식을 맛있게 만드는 이유도 한몫을 한다. 나는 일반적인 요리법을 뛰어넘어 상식을 초월하는 신품종 메뉴 개발을 잘 하는 편이다.

예컨대 닭가슴살, 수박, 오이, 양파를 넣은 삼삼하고 시원한 샐러드를 만든다거나 겨울철이면 고구마 직화 구이에 치즈를 얹어 고구마가 뜨거울 때 녹아내리는 치즈를 시원한 우유 한잔을 곁들여 먹는다.

이렇게 살다보니 아는 사람들에게 음식을 선물할 때가 왕왕 있다. 직접 만드는 음식이 아니라도 떡을 돌린다거나 과일이나 간식을 사다 줄 때가 많다. 그리고 몇 번의 나눔을 실천한 후에는 전도지를 돌린다.

이미 음식을 먹은 사람들은 그 누구도 전도지를 거부하지 않고 즐겁게 받아들인다. 말로만 하는 주입식 전도 효과보다 음식으로 마음의 문을 열게 하고 알아서 결단하는 전도 효과를 더 기대하고 있는 것이다.

어쩌면 나는 목사이기 때문에 더 많이 나누려고 하는지도 모른다. 목사는 주로 받는 사람이요 더 나아가서는 "받기만" 하는 사람이라는 이미지를 바꾸고 싶기 때문일 것이다.

목사는 베푸는 사람이어야 한다. 그래야 목사의 이미지가 당당해진다. 그래야 하나님의 축복을 받는 자임을 불신자들도 알게 된다. 그리고 실제로 하나님도 더 큰 복을 내려주신다. 베풀려면 뭐가 있어야 할 테니까...

목사들이여, 자원을 사람에게 기대하지 말고 하나님께 기대하라.

그리고 사람들에게 나눠주면서 복음을 전하라. 그들은 내게 무엇을 주는 대상이 아니라 내가 무언가를 베풀어야 할 대상임을 기억하고 실천한다면 당신은 이 시대의 멋진 목사가 될 수 있다. 그래서 '쿨~한 목사'라는 칭찬도 받을 수 있다.

당신이 줄 수 있는 것으로 도움이 필요한 사람을 최대한 도와주되 그 도움을 통해 그리스도를 전파하고 드러내라. 그때 그 기부를 통해 하나님 나라는 확장되고 당신 자신은 그 나라를 넓혀가는 위대한 도구로 쓰임 받는 인생이 될 것이다.

이탈리아의 나폴리에서는 "맡겨두는 커피" 주문자들이 있다고 한다. 예를 들어 누군가 커피 네 잔을 시킨다. 그리고 이렇게 말한다. "두 잔은 맡겨 둘게요." 몇 분이 지나고 남루한 차람의 손님이 들어와 묻는다. "혹시 누가 맡겨둔 커피가 있는지요?" 그러면 종업원은 그 사람에게 아까 손님이 돈을 지불한 커피를 무료로 준다는 것이다.
맡겨둔 커피는 이처럼 어려운 자들을 위해 다른 사람들이 미리 값을 지불해주는 기부행위 중 하나라고 한다.
우리나라에도 이런 소리 없는 기부행위가 생활 곳곳에 자리 잡았으면 좋겠다. 그리고 정직한 마음으로 진정 필요한 사람들이 그 혜택을 보는 분위기가 되었으면 좋겠다.

카톡으로 이런 글을 받은 적이 있다. "둘에서 하나를 빼면 하나가 된다는 건 세상 사람들이 다 알지만 사랑에서 희생을 빼면 이기심이 된다는 건 몇 사람이나 알까요? 세월이 더하기를 할수록 삶은 자꾸 빼기를 하고 욕심이 더하기를 할수록 행복은 자꾸 빼기를 합니다. 똑똑한 사람은 더하기만 잘 하는 것이 아니고 빼기도 잘 하는 사람이며 훌륭한 사람은 벌기만 잘하는 것이 아니고 나누어주기도 잘 하는 사람입니다.”

당신이 줄 수 있는 것이 무엇인가? 그것을 풀어 나눠주라. 적극적인 자세로 나눠주라.

그리고 당신의 기부가 가진 최종적인 목적은 도움을 받는 상대방에게, 이 나라에, 더 나아가 전 세계에 예수 그리스도를 전하기 위함이며 당신을 위해 흘려주신 그리스도의 붉은 보배로운 피가 전 세계 곳곳을 물들게 하기 위함임을 밝혀라.

기브Give 할 수 있는 것을 제대로 기부함으로 하나님의 마음을 훈훈하게 하고 또 하나의 상급을 준비함으로 퍼스트 클래스의 입지를 지금부터 준비해 나가는 것은 어떨런지?

F.I.**R**.S.T.C.L.A.S.S

복수

Revenge

시원스런 보복을 위한
3단계

3

시원스런 **보복**을 위한
3단계

　　　자기를 버린 어머니와 의붓아버지를 살해한 30대 아들에 관한 기사를 읽은 적이 있다. 어머니는 그가 어린 시절 집을 나갔다. 그 후 그는 고아원에서 외롭게 자랐고 30여년 만에 어머니를 찾아갔다.

하지만 어머니가 자기를 알아보지 못하자 분노가 치밀어 칼로 어머니를 살해했다. 의붓아버지도 한 음식점으로 불러내 같은 방법으로 살해했다. 범행 후 경찰을 찾아가 그는 이렇게 말했다고 한다. "이제 할 일 다 해서 후련합니다. 나를 처벌해 주세요."

삶속에 발생하는 문제 가운데 분노가 원인인 경우가 많다. 분노 때문에 일을 저지르거나 분노 때문에 병이 든다. 어느 남자는 아내에 대한 분노가 타올라 각목으로 때려 살해한 일이 있었고, 어느 며느리는 시어머니를 향한 분노 때문에 심한 화병이 들기도 했다.

그러므로 분노를 어떻게 처리하느냐는 인생의 성패를 좌우하는 중요한 변수이다. 사람들은 분노를 다스리는 방법을 크게 3가지로 제시한다.

1 잘 참으라고 한다

"분노를 누르고 감추고 조절하라. 그래서 분노가 표면에 나타나 물의를 일으키는 일이 없도록 하라"고 한다. 분노를 다스리는 고전적인 방법이다.

2 참지 말고 발산하라고 한다

"적절하게 분노를 발산해야 병이 안 생기니 참지 말고 표현하라"고 권한다. 주로 심리학자들이 권장하는 방법이다.

3 초월하라고 한다

선현들이 주로 사용하는 말로 "세상만사 도통하면 화낼 일이 뭐가 있겠는가?"라는 입장이다.

분노는 불과 같다. 잘 사용하면 플러스 요인이 되어 요리도 할 수 있고 에너지도 얻을 수 있다. 반면, 잘못 사용하면 마이너스 요인으로 작용해 집을 태우고 산을 태우고 사람을 태워버린다. 분노를 보통 부정적으로 해석하는 이유는 분노가 잘못 사용되는 일이 많기 때문이다. 하지만 분노를 긍정적으로 활용하면 이로 인해 동기가 유발되어 위대한 일을 이룰 수 있다.

역사적으로 위대한 영웅이나 위인들은 이처럼 분노를 긍정적으로 활용한 사람들이었다. 링컨은 노예의 슬픈 얼굴을 보고 노예해방이라는 화를 분출했다. 나이팅게일은 환자를 함부로 대하는 의료진의 태도에 분개해 의료법 개혁에 나섰다. 유관순은 일제의 만행에 맞서 3·1 독립만세운동이라는 화를 표출했다.

다윗도 분노를 제대로 표출한 사람이었다. 분노를 억누르지도 않았고 무분별하게 내뿜지도 않았다. 분노의 대상에 제대로 보복함으로 역사에 남는 위대한 인물이 되었다.

당신 가슴속에 분노의 불꽃이 타오르는가? 좋은 현상이다. 왜냐하면 그것은 위대한 일을 저지르는 자원이 될 수 있기 때문이다.

자, 그럼 분노를 어떻게 다스리며 어떤 식으로 보복하면 되는지 3단계를 차근차근히 살펴보며 시원스런 보복을 준비해보도록 하자.

I. 분노의 핵심을 파악하라

우리는 무엇을 향해 분노하는지도 모르는 채 분노에 휩싸일 때가 있다. 화를 내고 있는 나 자신도 "내가 왜 이렇게 화를 내는 거지? 지금 뭐하는 거야?"라고 할 때가 있다. 핵심파악이 안 되는 분노에 사로잡혀서 그렇다.

두 가지 이유 때문이다.

1 지금 분노하고 있는 대상이 실제로 분노의 대상이 아니기 때문이다

나는 지금 누군가에게 화가 나 있다. 하지만 사실은 그 사람 때문에 화가 난 것이 아니라 나를 화나게 한 원인은 다른 데 있다.

예를 들어보자. 시험공부를 안 해서 기분이 울적한 상태로 등교하고 있다. 그때 친구가 다가와 툭 치며 농담을 건넨다. 갑자기 화가 난다. 그래서 농담하는 친구에게 퉁명스럽게 쏘아붙인다. "말로 하지, 왜 치고 그래?"

이 순간 나를 진정 화나게 한 원인은 무엇인가? 내 곁에 다가와 툭 치며 아는 채를 한 친구인가? 아니다. 시험공부를 안 한 나 자신이다.

어느 권사님이 손을 베었다고 투덜대며 교회에 들어오셨다. 남편이 햄을 튀겨달라고 해서 캔 뚜껑을 열다 손을 베었다는 것이다. 그러면서 남편을 향해 원망을 한다. "아침부터 햄은 무슨 햄이야?"

그러나 진정 분노하고 있던 대상은 햄을 만들어 달라는 남편의 요청이 아니라 평소부터 안 좋은 남편과의 부부관계였음이 대화중에 발견되었다. 만일 신혼 때처럼 남편을 향한 애정이 솟아오르는 시기였다면 아침에 햄을 해달라든 저녁에 해달라든 아니 한 밤중에 해달라고 하든 기쁘게 해 주었을 것이다.

돈 많은 사람 앞에 가면 은근히 화가 날 때가 있다. 그 사람이 돈이 많다는 사실이 화가 나는 것인가? 아니다. 그에 비해 나는 돈이 없다는 사실이 화가 나는 것이다. 이런 나 자신을 보고 있자니 그와 비교가 되어 화가 치미는 것이다.

"사촌이 땅을 사면 배가 아프다"는 속담은 이런 면에서 매우 과학적이다. 사촌이 땅을 사는 데 왜 내 배가 아픈가? 그는 땅을 사는데 나는 못 사니 화가 나기 때문이다. 그리고 그 분노가 신체 증상까지 동반해서 배가 아픈 것이다. 그렇다. 분노가 나면 배가 아프기도 하고 머리가 아프기도 하며 얼굴에 열이 올라오기도 한다.

어디 아픈 데가 있는가? 혹시 분노로 인한 것은 아닌지 점검해 보라. 두통이나 관절의 질환은 분노가 원인인 경우가 많고, 심장이나 위장 쪽 질환은 불안과 스트레스로 인한 것이 많다.

아프리카 우간다에 꼽추처럼 등이 구부러진 자매가 있었다. 어떤 치료와 노력을 해도 굽은 등은 펴지지 않았다. 아무리 능력 있는 신유사역자가 안수를 해도 차도가 없었다. 그러던 어느 날 신유집회에 참석해 용서에 관한 설교를 들었다. 그리고 목사님의 기도를 받는 중에 마음에 분노를 품고 있던 언니를 용서해야겠다고 결심했다. 그때 기적이 나타났다. 그녀의 구부러진 등이 펴지기 시작한 것이다.

2 내가 분노하고 있음조차 잊어버린 잠재의식 저변에 깊숙이 깔린 분노이기 때문에 그렇다

어느 형제님으로부터 이런 이야기를 들은 적이 있다. 그가 어린 시

절 도둑으로 몰린 적이 있었다는 것이다. 하루는 교실에서 물건이 없어졌는데 모든 아이들이 이 형제를 범인으로 몰아세웠다. 자기는 그 물건에 손을 대 본 적도 없지만 모두 자기를 도둑이라고 하는 바람에 억울하게 도둑의 누명을 쓰게 되었다.

그 중에는 자기가 절대 훔치지 않았음을 알고 있는 친구도 있었지만 자기편을 들어주지 않더라는 것이다. 이 소란 가운데 담임선생님이 오셨고 자초지종을 들은 선생님마저 그를 도둑이라고 단정해 버렸다. 아무리 아니라 해도 그 누구도 자기 말을 들어주지 않았기에 어린 마음은 억울한 누명에 큰 상처를 받고 말았다.

그 일이 있은 후 오랜 세월이 흘러 중년이 되었는데도 이따금 자신에게 특이한 점을 발견한다고 했다. 누가 자기 말을 믿어주지 않고 받아들이지 않을 때 말할 수 없는 분노를 느낀다는 것이다. 본인이 생각하기에도 '내가 왜 이런 일로 이렇게 화를 내는가?' 이상할 정도라고 한다.

어린 시절 상처로 인해 잠재의식 저변에 자리 잡은 분노 때문이다. 그 분노가 평소에는 나타나지 않다가 자신의 정당성을 알아주지 않는 비슷한 상황이 발생하는 경우 갑자기 솟구쳐 올라오기 때문이다.

자신의 우울한 성격을 혐오하는 사람이 있다. 그는 주변에 우울한 사람만 보면 화가 치밀어 오른다고 한다. 그 사람 자신이 싫어서가 아니라 그의 우울한 모습을 볼 때 자신의 우울한 성격을 보게 되기 때문이고 그에 대한 분노가 치솟기 때문이다.

다윗은 자신의 분노 대상을 제대로 파악했다. 사무엘상 17장 36절은 그가 분노를 느끼고 있는 대상이 무엇인지 분명하게 표현하고 있다. "살아 계시는 하나님의 군대를 모욕한 이 할례 받지 않은 블레셋 사람이리이까 그가 그 짐승의 하나와 같이 되리이다"

다윗의 분노 대상은 골리앗이라는 거인 자체가 아니었다. 이스라엘을 공격하는 적의 장군도 아니었다. 그것은 살아 계시는 하나님의 군대를 모욕하고 있는 자에 대한 것이었다. 사무엘상 17장 26절도 다윗의 분노의 핵심이 바로 이 부분임을 보여준다. "이 할례 받지 않은 블레셋 사람이 누구이기에 살아 계시는 하나님의 군대를 모욕하겠느냐"

만왕의 왕이신 하나님께서 일개 미천한 이방인을 통해 모욕의 언사를 들으시는 장면에서 다윗의 분노는 폭발했고 그 때문에 골리앗을 향해 앞뒤 돌아보지 않고 안돌아보고 달려 나갔던 것이다. 그 분노의 핵심을 향해 물매를 제대로 던졌기 때문에 골리앗이 거꾸러졌던 것이다.

분노의 핵심을 파악하면 분노문제를 해결할 수 있다. 오히려 분노 때문에 위대한 업적을 이룰 수도 있다. 스스로에게 물어보라.

"나는 무엇 때문에 화가 나 있는가?" "내가 진정 분노하고 있는 근본 이유는 무엇인가?" 그러면서 내면의 음성에 귀를 기울여보라. 마음속에 어떤 방어막도 치지 말고 솔직하게 분노의 원인을 파악해 보라. 무엇 때문에 화가 나 있는지 알게 될 것이다.

일전에 나도 누구와 이야기를 하던 중 내 분노의 핵심이 무엇인지 정리하게 되었다. 내 분노의 대상은 가난과 아름답지 못한 용모와 힘과 권력이 없어 꿈을 성취하지 못한 삶을 향한 것이었다. 한마디로 약자의 삶에 대한 분노였다.

나는 구질구질하게 사는 사람을 보면 왠지 화가 난다. 가난해도 산뜻하게 사는 사람이 있다. 굳이 가난한 티를 내며 살 필요가 없다. 내가 구질구질한 외모나 촌스러운 환경을 혐오하는 이유는 분노의 표현이다. 그런 모습을 볼 때 불난 집에 부채질하듯 내 속에 있는 분노의 불이 타오르기 때문이다.

나는 성장기에 가난하게 살았다. 부유하게 살던 어린 시절도 물론 있었다. 그 시절 다른 집에는 없는 전축과 TV가 우리 집에는 있었다. 하지만 사춘기에 해당되는 예민한 시기에 우리 집은 극도로 가난했다. 그때 나는 결심했다. 어른이 되면 무엇보다 가난하지 않은 삶을 살아야겠다고...

나는 중고등학생 시절 범생이에 속하는 학생이었다. 그 덕분에 패션 감각을 비롯해서 자기를 가꾸는 일에는 소질이 없었다. 이와 더불어 대학 입학할 무렵부터 얼굴에 돋아나기 시작한 여드름은 십년이 넘도록 나를 괴롭혔다. 거울을 볼 때마다 여드름으로 구질구질한 얼굴이 혐오스러웠다. 나를 볼 때마다 촌스럽다는 생각과 함께 분노가 솟구쳤다.

그런 과거 때문인지 내게는 촌스러움에 대한 혐오감이 남달리 강하다. 목사치고 나처럼 성도들에게 세련된 외모를 강조하는 사람은 별로 없을 것이다.

그런데 이런 내 분노를 부채질하는 일이 발생했다. 여러 해 전에 내 주변에 있던 몇 안 되는 사역자들이 하나같이 촌스러웠다는 사실이다. 얼굴에 가득한 지저분한 여드름 자국, 가난에 찌든 얼굴, 세상의 슬픔과 고뇌를 혼자 다 짊어진 듯한 슬픈 표정, 우울에 절은 얼굴... 이 모든 것이 내겐 너무도 감당하기 힘들었다.

"나 자신의 촌스러움에서 겨우 벗어났는가 했더니 이건 또 뭐란 말인가?" 더욱 힘들었던 것은 아무리 고쳐주려고 애를 써도 그들의 마인드는 변화에 무관심하다는 사실이었다. 변화에 대한 절대포기 자세였다.

오래 전 어느 집회 중에 한 참석자가 이렇게 말하는 것이다. "목사님 사역자들은 왜 그렇게 하나같이 구질구질해요?" 그때 내 속이 이상하게도 후련했다. 보통 사람 같으면 자기 사역자들을 구질구질하다고 평가하는 말을 들을 때 기분이 좋지 않을 것이다. 그러나 내 경우에는 달랐다. 속에 쌓인 세련되지 못함을 향한 분노를 이처럼 알아주는 이가 있다는 사실이 그렇게도 반가울 수가 없었다.^^

불특정 다수를 향해 범죄하는 사람을 주변에서 보게 된다. 일명 "묻지마" 범죄이다. 독극물 사건이나 거리에서 일어나는 무차별 칼부림 사건 같은 것 말이다. 그런 사건의 원인을 분석해 보면 소외감 때문인 경우가 많다.

그들은 자신이 왕따를 당하고 버림받았다는 사실에 분노가 일어났다고 한다. 그런데 분노를 유발시킨 대상을 이제 와서 찾을 수 없는 관계로 알지 못하는 다수 사람들을 향해 분노를 터뜨렸다는 것이다. 버림받았다는 피해의식에 분열 기질이 더해지면 불특정 다수에게 보복하고 싶어진다고 사회심리학자들은 말한다.

아프리카의 야생 동물 가운데 어떤 짐승이 가장 무서운지 아는가? 사자나 표범이나 코뿔소라고 생각하는가? 예상을 빗나가게도 그것은 가장 약한 짐승이며 맹수들이 손쉽게 잡아먹는 임팔라 사슴이라고 한다. 그런데 일반 임팔라가 아니라 왕따 당한 임팔라라는 것이다.

집단에서 소외당해 외톨이로 다니게 된 순간부터 이 사슴의 가슴은 분노에 차게 된다. 그리고 어떤 짐승에게도 날카로운 머리 뿔을 들이대고 저돌적으로 달려든다. 그래서 소외당한 임팔라를 보면 육중한 코끼리나 사자도 멀리서부터 피한다는 것이다.

자기를 소외시킨 동일한 사슴집단을 향한 분노가 이처럼 관계없는 동물을 향해서까지 발산되기 때문이란다.

분노의 핵심을 파악해야 제대로 분노를 풀 수 있다. 이를 위해 도움이 되는 질문을 하나 알려주겠다. "나는 언제 화가 나는가?"라고 물어보라. 이 질문에 답을 찾다보면 당신이 정말 분노하는 대상이 무엇인지 나온다.

남편만 보면 답답하고 화가 치민다는 자매님을 상담한 적이 있다. 이유를 물었더니 하는 짓이 모두 답답하다는 것이었다. 뭘 가르쳐줘도 이틀만 지나면 또 제자리이니 답답해서 미치겠다는 것이다. 그럼, 구체적으로 무엇을 가르쳐줬는데 그러느냐고 물었다. 그랬더니 아내를 향한 애정표현 방법을 알려줘도 잊어버린다고 했다.

대화 가운데 결국 성생활이 불만임을 털어놓았다. 그래서 지금 이혼위기에 있다는 것이다. 이 자매님의 분노 핵심은 전반적으로 답답한 남편 모습이 아니라 애정표현에서 답답한 남편 모습일 뿐이었다.

그러므로 문제 해결의 실마리는 남편의 다른 모습 개선이 아니라 부부생활 개선을 통한 것이어야 함을 알게 되었다. 그리고 그 한 가지 문제가 해결되자 다른 문제도 실마리를 찾은 듯이 술술 해결되기 시작했다.

대학시절 읽은 김수영님의 "고궁을 나오면서"라는 시의 글귀가 지금도 기억난다.

"왜 나는 조그마한 일에만 분개하는가? 저 왕궁 대신에, 왕궁의 음탕 대신에, 50원짜리 갈비가 기름덩어리만 나왔다고 분개하고... 설렁탕집 돼지 같은 주인 년한테 욕을 하고... 땅 주인에게는 못하고, 이발장이에게, 구청직원에게는 못하고, 동회직원에게도 못하고, 야경꾼들에게 20원 때문에 10원 때문에 1원 때문에...

우습지 않으냐? 1원 때문에... 모래야 나는 얼만큼 적으냐 바람아 먼지야 풀아 나는 얼만큼 적으냐 정말 얼만큼 적으냐..."

다시 한 번 자신에게 물어보라. "나는 무엇을 향해 분노하는가?" 그리고 또 물어보라. "이 분노문제를 풀기 위해 이제 무엇을 해야 하는가?"

2. 보복의 무기를 준비하라

분노의 핵심을 파악한 후 다음 단계로 할 일은 보복의 무기를 준비하는 것이다. 다윗이 분노를 민족적 성공으로 이끌 수 있었던 것도 보복의 무기를 잘 준비했기 때문이다.

그가 준비한 무기는 두 가지였는데 그것은 기술과 담력이었다.

1 기술면에서 다윗은 물매의 달인이 되었다

평소에 연습을 많이 했기 때문에 목표 조준이 정확히 되었다. 만일 그가 새총연습을 많이 했으면 새총으로 골리앗을 넘어뜨렸을 것이다. 손오공처럼 여의봉을 연습했으면 그것이 무기가 되었을 것이다.

분노의 대상을 향해 보복하려해도 무기가 없으면 할 수 없다. 아무것도 못하는 무능한 자신 때문에 분노가 더 쌓일 수 있다. 그러므로 분노문제를 해결하려면 보복의 무기개발을 잘 해야 한다. 그러면 분노를 잘못된 방향으로 내뿜지 않고 건전한 방향으로 승화시킬 수 있다.

이 부분에서 해야 할 일이 재능개발이다. 중2 영어 교과서에 이런 문장이 나왔던 것이 기억에 남는다. "Everyone can do something well." "누구든지 뭔가 하나는 잘 한다" 는 뜻이다.

언어 면이 탁월하든지, 운동기능이 뛰어나든지, 수학 분야에서 두각을 나타내든지, 예술성이 있든지, 과학과 발명에서 두각을 나타내든지, 요리를 잘 하든지... 어느 분야건 각자는 자기 재능을 발휘할 자리가 있다.

눈치 빠른 독자라면 이미 감을 잡았듯이 나는 세련됨을 향한 감각이 탁월하다. 내가 절대적으로 세련되었다는 의미보다는 내게는 세련됨을 추구하는 마음과 그것을 연출하는 감각이 있다는 의미이다. 일단 나는 세련과 비세련 사이를 아주 잘 구분한다. 그리고 나서 촌스러운 것을 세련되게 잘 바꿔놓는다.

글로벌대학교 사무실을 여의도에서 인천으로 옮겼을 때의 일이다. 내게 주어진 환경은 넓은 사무실을 타 신학교와 공동으로 사용하는 것이었는데 입구에 들어서는 순간 조악한 커피준비 코너가 시야를 어지럽혔다. 창밖에는 길게 걸려있는 현수막이 바람에 흔들거리며 산만함을 더해주고 있었다.

'이것은 아니다'라는 생각이 드는 순간부터 팔을 걷어붙였다.

수납장은 세련된 화이트로 두 쌍을 구입하고 모든 잡동사니를 넣었다. 쓰레기통마저도 수납장 트레이션반 부분을 개조해서 사용함으로 휴지가 밖에서 보이지 않게 했다. 테이블에는 레드 옥스퍼드 천을 깔아 품위를 더했고 창문은 그린 우드 블라인드green wood blind를 쳐서 아늑함을 더했다. 그리고 창 곁에 산세베리아를 올려놓았다. 난지도가 갑자기 호텔로 변한 듯 보는 이들은 감탄을 금치 못했다.

당신에게는 어떤 분야가 탁월한가? 그것을 개발하라. 그러면 분노를 해결할 뿐만 아니라 꿈을 이루는 자가 된다. 아울러 당신이 리더라면 하나님께서 보내주신 팔로어follower들까지 그들의 장점을 개발해 줄 필요가 있다.

흥행에 성공한 영화의 여우주연에게 기자가 물었다.

"어떻게 그처럼 훌륭한 연기를 할 수 있었습니까?"

"우리 감독님 덕분입니다. 어려운 연기 장면 앞에 포기하고 싶을 때마다 감독님은 직접 시범을 보이며 말씀 하셨죠. '이렇게 한번 해 봐, 이렇게 하면 돼~'. 그리고 그 말대로 했더니 정말 그 연기가 되는 거예요."

잘 하는 분야를 개발하면서 동시에 신경 쓸 일은 못하는 분야를 붙들고 늘어지지 말아야 한다는 점이다.

예컨대, 공부는 아무나 하는 것이 아니라고 생각한다. 책상에 앉아 있다고 다 공부 잘 하면 어느 부모가 자녀 성적을 걱정하겠는가? 공부도 그쪽으로 머리가 뒷받침 되는 아이들이 잘 한다. 부모를 닮아 그쪽 재능은 없는데 마구잡이로 공부를 시키면 아이는 분노에 쌓인다.

자녀가 이런 아이라면 이렇게 권하라. "아무개야, 넌 공부와는 친하지 않으니 공부는 포기하고 네가 잘하는 것에 집중하거라." 아이는 뛸 듯이 기뻐하며 진취적인 인생을 열어갈 것이다.

나는 사고구조가 매우 논리적이고 분석적인 관계로 누가 앞뒤 안 맞는 말을 하면 당장 알아차린다. 하지만 운동신경은 약한 편이다. 전에 에어로빅 교실에 다닐 때 늘 맨 뒷자리에서 앞사람 동작을 따라하곤 했었다. 이상하게도 몸동작은 접수가 잘 안 된다.

길 찾기도 마찬가지다. 백번을 갔던 길도 내겐 늘 초행길이다. 낮에 갔던 길을 밤에 찾는다는 것은 상상조차 할 수 없는 일이다.

하지만 앞뒤를 맞춰보는 분석력은 형사 콜롬보 사무실에서 알바 정도는 할 실력이 된다. 그래서 나를 "검사 같아요"라고 하며 움츠리는 사람도 있다.

게다가 나는 글로 맞대응해서 이기는 능력이 있다. 탁월한 논리성 때문이기도 하려니와 어쨌거나 글을 써서 상대방과 협상을 하면 백이면 백 거의 승리한다.

이런 재능을 통해 글로벌대학교 미국본교 관계자들과 이메일로 주거니 받거니 하면서 우리 측의 주장을 관철시킬 때가 한 두 번이 아니다. 그쪽보다 영어 표현력이 한결 뒤떨어질 수밖에 없는 입장인데 말이다.

그래서 논리적인 글로 상대방을 설복시키고 싶은 사람이 있으면 그를 위해 대행 업무 조차 하고 싶은 생각이 들 정도이다. 누가 알겠는가? 이 책을 통해 당신과 내가 그런 만남을 가질 날이 올런지도...

당신은 어떤 분야에 탁월하고 어떤 부분에서 약한가? 약한 부분을 붙들고 씨름하지 말고 강점을 통해 보복의 무기를 연마하라. 그

날이 왔을 때 빛나는 장검처럼 뽑아 쓸 수 있을 무기 말이다. 다윗의 물매처럼 최상의 실력을 발휘할 수 있도록 매일 단련하라. 조만간 그 무기로 여호와 하나님의 이름을 빛낼 순간이 올 것이다.

❷ 다윗이 준비한 또 하나의 무기는 담력이었다

목동시절 홀로 아버지의 양을 지킬 때 그는 맹수의 습격을 많이 받았다. 곰이나 사자가 달려오면 양을 지키기 위해서라도 필사적인 싸움을 해야 했다. "주의 종이 아버지의 양을 지킬 때에 사자나 곰이 와서 양 떼에서 새끼를 물어가면 내가 따라가서 그것을 치고 그 입에서 새끼를 건져내었고 그것이 일어나 나를 해하고자 하면 내가 그 수염을 잡고 그것을 쳐죽였나이다" 사무엘상 17:34-35 곰이 뒷다리로 일어서서 앞 다리로 다윗을 내리치려 할 때 그는 곰의 턱이나 목을 잡고 정수리를 지팡이로 세게 내리쳐 죽였다.

이런 싸움을 통해 다윗은 담력훈련을 했다. 그래서 골리앗 앞에 섰을 때도 그를 한 마리 짐승처럼 바라볼 수 있었던 것이다. 지난 날 자기 앞에 두발을 들고 섰던 곰이나 골리앗이나 다윗의 눈에는 별로 다를 바 없었다.

맹수나 골리앗이나 적군이기는 마찬가지였고, 모두 다윗보다 힘이 세다는 사실도 마찬가지였다. 또한 하나님이 함께 하시면 그 짐승이나 골리앗이나 다윗이 이길 수 있다는 사실도 마찬가지였다. 그래서 이스라엘 군사들이 다 떨고 있을 때 다윗은 담대함으로 골리앗 앞에 설 수 있었던 것이다.

분노문제를 해결하기 위해서는 이처럼 평소에 담력을 키워나가야 한다. 어느 자리, 어떤 상황에서도 담대하면 당신은 승리한다. 한편, 소심하면 매일 기를 못 펴고 살기 때문에 분노가 더 싸인다. 담대한 사람은 할 말을 하고 살기 때문에 분노가 쌓이지 않지만, 소심한 사람은 눈치를 보고 살기 때문에 그것이 내면의 분노로 남는다. 담대함은 환경을 이길 힘을 제공한다. "그러므로 너희 담대함을 버리지 말라 이것이 큰 상을 얻게 하느니라" 히브리서 10:35

담력은 하나님과의 관계성에서 길러진다. 어린 목동 다윗은 고독한 양치기의 삶을 사는 동안 하나님과의 관계를 세워나갔다. '내가 양을 돌보듯이 하나님께서 내 인생을 돌보시는구나' 라고 깨달으며 자기 인생이 하나님을 절대적으로 필요로 함을 알았다. 그래서 시편 23편에서 "여호와는 나의 목자시니..."라고 고백했던 것이다.

하나님은 당신이 멋진 보복의 순간을 맞이하기 전에 하나님과의 관계를 먼저 긴밀히 하신다. 하나님과 관계형성이 잘 된 사람은 보복의 그날, 보복의 대상과 방법 면에서 제대로 할 수 있기 때문이다.

요셉은 형들에게 최상의 멋진 복수를 한 사람이었다. 형들은 스스로 알아서 그의 앞에 엎드렸고 두려움에 떨며 요셉의 꿈이 이뤄진 현장에 증인으로 참석해야 했다. 이것이 하나님의 방식이다. 그렇다면 준비하라. 보복의 그날을 위하여... 이제 때가 멀지 않았음을 감지하면서...

오늘 일정

훈련을 받으라시면
받아야 합니다

그 때문에 오는 고통이라면
견뎌야 합니다

그분 손 움직임새 보아야 합니다
손에 쥐고 안 주시는 맘 알아야 합니다
이젠 됐다 주실 날도 바라봐야 합니다

그러나 지금은 아니라시면
다시 한 번 눈 딱 감고 준비해야 합니다

곧 오는 그 날을 섣불리 안 맞도록

3. 적시에 보복을 실시하라

보복의 준비가 되었다면 적절한 시기를 파악해야 한다. 다윗은 적절한 시기에 제대로 보복했다. 만일 그가 골리앗 앞에 섰을 때도 그동안 준비한 보복을 실천에 옮기지 않았더라면 기회를 놓치고 말았을 것이다. 그는 골리앗이 이스라엘 군대 앞에서 모욕적인 언사를 퍼부을 때 마침내 때가 왔음을 알았다. 그간 준비한 무기를 들고 골리앗 앞에 나설 때가 왔음을....

영어회화를 공부하던 중 "Tonight is the night!"이라는 말을 외운 적이 있다. "오늘 밤이 거사를 치룰 밤"이라는 뜻이다. 응용하면 "Today is the day!(오늘이 D 데이야!)"라는 표현이 나온다. 시간의 폭을 더 좁히면 "Now is the time! (지금이 바로 일을 저지를 때야!)"라는 표현도 가능하다. 이 말을 마음에 담아두었다가 인생길을 가는 중 그 날이 왔다고 판단되면 보복을 실시하라.

그때가 지금인지 누가 판단하는가? 당신 자신이 판단한다. 당신 속에 계신 주의 영이 판단한다. 그러므로 그 순간의 결단은 내 믿음에 기초해서 해야 한다. 이때는 남의 말에 귀를 기울여서는 안 된다. 그래서 영성개발이 필요하다.

다윗은 보복의 순간에 자신에게 말씀하시는 야웨의 영의 내적 증거를 따랐다. 형들은 그의 행동에 반대했다. 분개하기까지 했다. "네 주제에 우리도 못하는 그 일을 하겠다고?" 그들은 자기들의 힘과 다윗 안에서 역사하시는 하나님의 권능이 얼마나 큰 차이가 있는지 파악하지 못함으로 착각에 빠졌다.

지금 다윗의 인생에는 하나님의 보복의 때가 왔고 이제부터 큰 무대의 막이 올라가고 있음을 그들의 둔한 영성은 볼 수 없었던 것이다.

이런 차원에서 큰 형 엘리압은 얼토당토않은 노를 발했다. "네가 어찌하여 이리로 내려왔느냐 들에 있는 양들을 누구에게 맡겼느냐 나는 네 교만과 네 마음의 완악함을 아노니 네가 전쟁을 구경하러 왔도다" 사무엘상 17:28

주제파악이 안 되는 모습이다. 이것이 당신 주변사람의 모습일 수 있음을 참고하라. 그러므로 이 중대한 보복의 순간에 남의 말을 들어서는 안 된다.

심지어 왕조차도 다윗에게 이렇게 충고했다. "네가 가서 저 블레셋 사람과 싸울 수 없으리니 너는 소년이요 그는 어려서부터 용사임이니라" 사무엘상 17:33 그렇다면 다윗을 왜 불렀는가? 불러놓고 보니 예상보다 더 어렸다는 뜻인가?

사울의 말을 들은 다윗은 인생의 경륜이 짧은 젊은이답지 않게 성숙한 말로 왕을 타이른다. "그로 말미암아 사람이 낙담하지 말 것이라 주의 종이 가서 저 블레셋 사람과 싸우리이다" 사무엘상 17:32 모두 두려워 떨고 전쟁 군사들도 벌벌 기는 상황에서 다윗이 국가의 위기를 만난 왕을 이처럼 위로하는 장면에 감동의 빛이 비춰지지 않는가?

당신이 젊다면 더더욱 다윗처럼 국가를 빛내는 큰일을 할 수 있다. 젊음이 주는 열정과 패기가 있기 때문이다. 에디슨은 어렸을 때부터 발명을 시작하여 생애 1,300건 이상의 특허를 받은 발명가가 되었다.

어린 다윗이 국가의 운명을 좌우하는 리더처럼 왕을 격려하는 장면은 한편의 영화 같다. 어떻게 이런 명장면이 연출되었을까? 그간 보복의 때를 기다렸기 때문이다. 맹수들과 싸웠던 지난날들은 바로 오늘의 승리를 위한 워밍업warming-up이요 리허설rehearsal임을 알았기 때문이다. 그리고 오늘 바로 보복을 위한 때가 왔음을 그의 영은 감지했기 때문이다.

당신의 인생에 그 날이 오면 무기를 챙겨서 적진을 향해 뛰어들어라. 누구의 말도 듣지 말고, 그 누구의 소리에도 귀 기울이지 말고, 하나님 손을 잡고 단독으로 나가라!

다윗의 용기와 담력에 놀란 사울은 출전허락을 하면서 갑옷을 입히고자 한다. 이 중대한 시점에서 주변사람들은 도움을 주는 것이 아니라 계속 방해만 하고 있다. 모두들 인간적인 생각에 사로잡혀 있었기 때문이다.

다윗은 이것마저 거절하는 지혜를 보인다. "익숙하지 못하니 이것을 입고 가지 못하겠나이다 하고 곧 벗고" 사무엘상 17:39 갑옷을 입고 나갔다면 크고 무거워 물매가 빗나갔을지도 모른다. 중요한 순간에 주변사람들의 도움 안 되는 말을 접수해서는 안 된다.

예수님께서 십자가를 통해 사탄에게 결정적인 보복을 하실 순간이 왔을 때도 가장 가까운 제자 베드로가 말렸다. "주여 그리 마옵소서 이 일이 결코 주께 미치지 아니하리이다" 마태복음 16:22

사탄이 그를 이용한 것이다. 그때 주님은 방해의 근본출처를 간파하시고 이렇게 말씀하셨다. "사탄아 내 뒤로 물러가라 너는 나를 넘어지게 하는 자로다 네가 하나님의 일을 생각하지 아니하고 도리어 사람의 일을 생각하는도다" 마태복음 16:23

보복의 순간에 당신의 믿음을 신뢰하라. 그동안 하나님과 절대적인 관계를 쌓아왔다면 이 순간 자신의 판단을 믿어야 한다.

사탄의 머리를 박살낼 수 있을 순간이 왔는가? 검을 뽑아 내리쳐라! 보복의 목표는 죄와 고통을 주는 원흉인 사탄의 머리를 내리치는 것이다. 환경을 통해서 사람을 통해서 나에게 분노를 유발시켰던 사탄을 향해 이제는 그가 분노할 일을 실천하는 것, 이것이 보복의 핵심이다!

그리스도의 강한 용사여! 귀신을 그냥 쫓아내는 것으로 만족해서는 안 된다. 완벽한 보복으로 치명타를 가해야 한다. 지난날 나는 귀신의 괴롭힘을 많이 받았다. 삼각산에 다니며 기도하던 시절에도 귀신과 보이지 않는 싸움을 많이 했다. 그래서 신학대학원 시절 가방 안주머니에 이렇게 메모 한 장을 넣어 다녔다. "이주영, 네 일생을 통해 사탄에게 보복하라!"

분노 문제로 고통당하는 삶을 살아 왔는가? 이제 해결의 실마리가 보인다. 분노의 대상을 정확히 파악하고 보복의 무기를 준비하며 적시에 보복함으로 풀면 된다. 그로 인해 분노문제를 일으켜왔던 배후의 원흉인 사탄의 머리를 박살내면 된다.

시원스런 보복을 위한 3단계를 알았는가? 지금부터 보복을 준비하라. 다윗처럼 그 보복이 하나님을 대신하는 보복이 되게 하라! 그러면 분노에서 자유하게 될 뿐 아니라 분노 때문에 큰 업적을 성취하는 위대한 인생이 될 것이다. 보복 하나를 하더라도 퍼스트 클래스다운 보복을 하는 당신의 모습에 벌써부터 기대가 넘실거린다.

F.I.R.S.T.C.L.A.S.S

비밀
Secret

하나님과 나_{만의}
내탕고를 닫아라

4

하나님과 나만의
내탕고를 닫아라

이솝 우화 중에 "까마귀와 여우" 이야기가 있다. 까마귀가 농가의 창가에 있던 고기 덩어리를 훔쳐 나무 위로 날아갔다. 지켜보던 여우는 이것을 빼앗고 싶었다. 그래서 까마귀를 칭찬하기 시작했다.

"까마귀야, 너처럼 우아하고 멋진 새는 없을 거야. 균형 잡힌 몸매와 윤기 나는 깃털은 정말 아름다워. 네가 새들의 왕이 되는 것은 당연해. 만약 네가 아름다운 목소리마저 가졌다면 말이지."

칭찬에 기분 좋아진 까마귀는 가만히 있을 수 없었다. 그래서 목소리도 좋다는 것을 여우에게 보여주기 위해서 노래를 부르기 시작했다. 그 때 입에 물고 있던 고기는 땅에 떨어지고 말았다.

여우는 고기를 냉큼 집어가며 말했다. "까마귀야 네가 현명한 판단력도 가졌더라면 정말 새들의 왕이 될 수 있었을 텐데…"

성경에도 자기 목소리를 자랑하다가 고깃덩어리를 떨어뜨린 왕이 등장한다. 히스기야 왕이다. 그는 이스라엘의 선한 왕으로 하나님 보시기에 훌륭한 일을 많이 한 사람이다. 그리고 기적적으로 병 고침을 받은 간증도 있었던 사람이다.

그런 히스기야가 외국 사신이 찾아왔을 때 치명적인 실수를 함으로 이스라엘 왕조의 앞길에 어두운 그림자를 드리우고 말았다. 왜 그랬을까? 인정받으려는 욕구를 조절하지 못하고 비밀을 누설했기 때문이었다.

이 욕구는 성공을 도와줄 수도 있고 잘 나가던 인생을 추락하게 할 수도 있다. 인정받으려는 욕구가 있어서 퍼스트 클래스로 가는 길에 박차를 가할 수도 있고 이것 때문에 짐짝처럼 실려가는 화물칸 인생으로 떨어질 수도 있다. 그렇다면 내 속에 꿈틀거리는 인정받음을 향한 이 욕구… 어떻게 다스리면 되겠는가?

1. 사람들의 찬사 속에서 하나님을 잃지 말라

인간관계의 성숙도는 찬사에 반응하는 모습에서 드러난다. 어린 아이들은 노골적으로 자랑을 한다. 아직 미성숙하기 때문이다.

조카가 어렸을 때 가족이 함께 여행을 다녀온 적이 있다. 당시는 핸드폰이 많이 보급되기 전이라 특히 아이들은 핸드폰을 갖고 싶어했다. 아버지 이목사님께서 손자인 그 아이에게 장난감 핸드폰을 사주셨다. 장난감이긴 하지만 실제 핸드폰과 제법 비슷했고 누르는 기능이 다양하며 벨소리도 매력적이었다.

조카는 이 선물을 받고 무척이나 기뻐했다. 그러더니 서울에 도착해서 차가 채 서기도 전에 문을 열었다. 동네 공터에서 친구들이 노는 모습을 보았기 때문이다. 그리고 큰 소리로 이렇게 외치는 것이었다. "애들아, 나 핸드폰 있어~." 그 때문에 하마터면 사고가 날 뻔 했다.

히스기야왕도 찬사를 다루는 기술이 서툴렀다. 그가 죽을병에서 기적적으로 수명을 15년 연장 받았다는 소문을 들은 바벨론 왕은 사신을 통해 편지와 예물을 보내면서 축하했다.

"그 때에 발라단의 아들 바벨론의 왕 브로닥발라단이 히스기야가 병 들었다 함을 듣고 편지와 예물을 그에게 보낸지라" 열왕기하 20:12 현대인의 성경은 이를 보다 쉽게 번역하고 있다. "병들었던 히스기야 왕이 완쾌되어 일어나자 발라단의 아들인 바벨론의 브로닥발라단 왕이 그 소식을 듣고 사절단을 보내어 축하편지와 예물을 전하였다"

이 상황에 마음이 기쁘고 들뜬 히스기야는 궁궐에 있는 금은보화, 무기고에 있는 것, 향료와 값비싼 기름 등 진귀한 것들을 모두 바벨론 사신들에게 공개한다. 히스기야가 이렇게 한데는 당시 국제 상황이 배경으로 작용한다.

유다는 앗수르의 침공을 받는 위기에 처해 있었다. 얼마 전에는 앗수르 왕 산헤립이 유다를 실제로 침공한 일도 있었다. 물론 하나님의 도우심으로 밤중에 천사가 그들을 몰사시켰지만 말이다.

"한 천사를 보내어 앗수르 왕의 진영에서 모든 큰 용사와 대장과 지휘관들을 멸하신지라 앗수르 왕이 낯이 뜨거워 그의 고국으로 돌아갔더니 그의 신의 전에 들어갔을 때에 그의 몸에서 난 자들이 거기서 칼로 죽였더라" 역대하 32:21 이 일로 인해 히스기야는 열국 앞에 유명해졌다.

이런 상황에서 바벨론 사절단이 히스기야를 찾아온 것은 병 고침에 대한 신기함도 있었겠지만 함께 힘을 모아 점점 힘이 강해지는 앗수르를 대항하자는 목적이 더 컸다. 이 내용을 기록한 열왕기하 20장 13절을 현대인의 성경은 이렇게 번역한다. "찾아온 그들이 한결같이 입을 모아 말하기를 약소국가들이 단결해서 앗수르에 대항해야 산다고 하자 히스기야는 그들의 외교정책에 찬성하였다. 그리고 보물창고에 있는 온갖 귀한 것들을 그들에게 모두 구경시켜주었다"

히스기야는 이렇게 생각했을 것이다. "바벨론과 동맹을 맺는다면 앞으로 앗수르의 침입은 걱정하지 않아도 된다. 이 얼마나 든든한 일인가!" 그래서 그들과 연맹하기로 마음먹고 신임을 얻기 위한 차원에서라도 보물고를 더 열심히 보여 주었던 것이다.

이런 면에서 볼 때 히스기야의 처신은 지극히 인간 중심적이었다. 두 가지 면에서 그랬다.

■1 앗수르를 물리친 일이나 병 고침 받은 기적은 하나님이 하신 일이었다

따라서 영광도 하나님이 받으셔야 했다. 그런데 히스기야는 마치 자신이 주인공인 양 스스로 영광을 받으며 기뻐했다. 바벨론 사절단 앞에서 그가 하나님께 영광을 돌렸다는 내용은 발견할 수 없다.

우리가 칭찬받을 때 잊지 말아야 할 사실이 있다. 하나님이 그 가운데 계셔야 한다는 점이다. 이 일을 잘 하시는 분 중 한 분은 아버지 이원박 목사님이시다. 이 목사님께서는 칭찬에 대해 반응하실 때 언제나 주의를 기울이신다. 그래서 상대방이 크고 작은 칭찬을 하면 거의 매번 이렇게 말씀하신다. "뭘요, 다 주님의 은혜입니다. 저는 변변치 못해요."

■2 전쟁은 여호와께 속한 것임을 실감하지 못하는 모습이 그렇다

지난번 앗수르 왕 산헤립을 물리쳐 주신 분도 하나님이셨다. 그런데 갑자기 왜 바벨론을 의지하려 하는가? 또 다시 전쟁이 난다 해도 하나님이 승리를 주실 것인데 왜 갑자기 이방군대를 의지하려고 하는가?

바벨론과 연합군을 만들어 전쟁에 이길 수도 있다. 하지만 그 후 바벨론은 어떻게 하겠는가? 다음 차례로 유다를 넘어뜨리고 승리를 홀로 독식하려들지 않겠는가? 이것이 세상의 이치이다. 실제로 유다는 바로 히스기야가 손잡고자 한 바벨론에 의해서 멸망했다.

당신 주변에 칭찬하는 자들이 많은가? 당신 입에 물고 있던 치즈

덩어리를 떨어뜨리는 순간이 왔음을 알아야 한다. 성공자가 되려면 강점을 경계하라는 말이 있다. 사도바울도 "그런즉 선 줄로 생각하는 자는 넘어질까 조심하라" 고린도전서 10:12고 경고했다.

돈이 많다는 강점은 그 돈 때문에 망할 수도 있다는 약점이 된다. 미모가 강점인 반면 미모 때문에 타락할 수 있다. 지혜가 많은 것이 강점이지만 자기 꾀에 자기가 빠져 함정에 걸리는 약점이 될 수 있다.

건강이 강점인 사람이 어느 날 갑자기 쓰러지는 경우가 있다.

매우 건장한 집사님이 계셨다. 키가 180센티미터 정도이고 체격이 탄탄하고 우람했다. 그런데 어느 날 뇌출혈을 일으켜 그 건장하던 체구가 "꽈당" 하고 쓰러지고 말았다. 그 후 그는 반신불수가 되었는데 이제는 혼자 거동을 하기도 힘든 사람이 되었다. 그가 자랑하던 건강한 육체는 이제 본인과 가족들의 짐이 되고 말았다.

잘 알지 않는가? 물에 빠져 죽는 사람 중에는 수영을 잘 하는 사람이 많다는 사실을... 나는 절대 물에 빠져죽지 않을 것을 확신한다. 수영을 전혀 못하기 때문이다. 그래도 휴가철이면 수영장 있는 펜션을 찾는다. 그리고 어린이들이 노는 정도의 얕은 곳에서 튜브를 타고 즐긴다.

바닷가에서 물놀이를 즐길 때도 몸이 잠기지 않을 정도의 얕은 물에서 놀 뿐이다. 그나마 파도가 밀려올 것 같으면 신속히 빠져나온다. 물에 이렇게 약하기 때문에 물에 빠지지도 않는다.

당신의 강점은 무엇인가? 건강한 사람이라면 건강에 더 신경을 쓰고, 지혜로운 사람이라면 지혜를 주님 안에서 잘 관리해야 한다. 은사가 많다면 그 은사를 제대로 사용하기 위해 신경 써야 한다.

힘이 센 사람은 그 힘을 함부로 쓰지 않도록 조심하고, 말을 잘 하는 사람이라면 말실수가 없도록 입조심을 하며, 인간관계가 좋은 사람은 구설수에 오르거나 배신의 올무에 들지 않도록 주의해야 한다.

아울러 그 강점을 근거로 사람의 찬사에 몸을 기대지 말아야 한다. 그 사람이 나를 칭찬하니 그 기대에 부응해야겠다고 애쓰지 말라. 피곤해질 뿐이다. 다음번 성공을 보장하는 것은 현재 나를 칭찬하는 그 사람이 아니라 다음번 성공도 이루어 가실 하나님이심을 깨달아라.

한번 생각해보라. 그 누가 당신을 도와서 성공했는가? 아니지 않은가? 하나님께서 그때그때 길을 열어주시고 사람을 연결시켜주셔서 성공한 것 아닌가? 진상이 이러할진대 만일 사람을 의지하고 매달린다고 해보자. 하나님의 도우심은 그 길로 끊어진 동아줄이 되어 한참 줄타기를 하던 당신은 저 아래 낭떠러지로 곤두박질하고 말 것이다.

이 사실을 제대로 이해하면 높은 수준에서 찬사를 다루는 자가 될 수 있다. 칭찬 때문에 넘어지는 자가 아니라 칭찬을 매끈하게 처리하는 달인이 될 수 있다. 이런 사람에게 하나님은 칭찬에 칭찬을 계속 받는 인생을 열어주신다. 이런 인생의 주인공이 바로 당신이기를 바란다.

2. 상대방의 요구에 적정선을 그어라

바벨론 사절단과의 만남이 있은 후 하나님은 이사야 선지자를 히스기야에게 보내어 이런 질문을 던지신다. "이 사람들이 무슨 말을 하였으며 어디서부터 왕에게 왔나이까" 열왕기하 20:14 현대인의 성경은 "그들이 무엇을 요구하였으며..." 라고 번역한다.

히스기야는 그들의 질문과 요구에 성실하게 응대했던 것으로 보인다. 어쩌면 그들이 요구한 이상으로 응대를 한 것 같다.

"히스기야가 대답하되 내 궁에 있는 것을 그들이 다 보았나니 나의 창고에서 하나도 보이지 아니한 것이 없나이다" 열왕기하 20:15

그들의 요구를 백 이십 분 들어주었음을 예측할 수 있다. 그런데 애석하게도 이런 태도가 국가에 유익을 주기는커녕 장차 나라가 멸망하고 자손들이 바벨론의 환관으로 끌려가는 예언적인 통로가 되고 말았다.

인간관계의 노하우know-how이자 현명한 처세법은 상대방의 요구를 적정선에서 처리하는 것이다. 남이 요구하는 대로 하면 내 인생은 없어진다.

하나님은 각자에게 고유한 삶을 주셨다. 하지만 이 세상은 욕심이 가득 차 있어 자기 것을 넘어 남의 것마저 착복하려는 사람들이 있다. 이런 사람들과 섞여 살면서 남이 요구하는 대로 다 해준다고 생각해보라. 내 인생은 어떻게 되겠는가? 아무 것도 남지 않는 빈껍데기가 되고 말 것이다.

히스기야 왕도 바벨론 사절단을 영접하면서 최소한의 예우를 했으면 그것으로 족했다. 이웃 나라 사신이 왔으니 정중히 대접해서 보냈으면 그것으로 그만이었다.

그런데 왜 과도한 친절을 베풀며 모든 국가 기밀을 공개해 버렸는가? 일국의 왕으로서 보인 지나친 처신이 나라를 망치는 결과를 낳고 말았다.

그들이 어디서 왔느냐는 이사야의 질문에 히스기야는 이렇게 대답했다. "먼 지방 바벨론에서 왔나이다" 열왕기하 20:14 먼 지방에서 올 정도로 자신의 명성이 자자했음을 과시하는 마음이 깃들어 있다. 또한 그렇게 멀리서 왔으니 이쪽에서도 최선을 다해 대우하는 게 마땅치 않은가라는 마음도 들어 있다.

그러나 먼 지방에서 온 것이 요구를 들어주어야 할 이유가 될 수 없다. 먼 지방에서 온 것은 그쪽 사정이다. 누가 먼 지방에서 오라고 너를 불렀는가? 누가 너더러 먼 지방에 살라고 했는가 말이다.

상대방의 요구를 거절하지 못하는 맹점 가운데 그럴듯한 이유에 사로잡히는 경우가 있다. 이런 사람은 스스로 이유를 붙여가며 상대방의 요구를 들어주고 만다.

"가족이니 어떡해?", "직장상사나 동료이니 어떡해?", "저 사람이 저렇게 친절하게 나오고 간곡히 부탁하니 들어줘야지. 불쌍하잖아?" 등등...

이런 이유의 올가미에 걸려들면 나중에는 자기가 도리어 불쌍한 처지가 됨을 알아야 한다.

사회복지시설을 소규모로 운영하는 자매님이 있다. 할머니들 몇 분을 모시고 가정식 양로원을 운영하고 있다. 규모와 월회비가 작다 보니 운영이 늘 빠듯한 상태였다.

그 와중에 언니의 가족들마저 먹여 살리고 있다. 물론 언니가 양로원을 위해 일하고는 있지만 전체수입 가운데 언니의 급여를 주고 또 그 가족들의 생활비 일체를 부담하고 나면 이 자매님에게는 돌아오는 것이 없다. 이름만 원장일 뿐 본인이 오히려 외부사역을 함으로 재정을 충당해야 하는 입장이었다.

그런데 그가 외부활동을 하는 가운데도 가족들은 쉴새없이 전화를 걸어 채근하기가 일쑤다. "본인이 원장이면서 양로원을 이처럼 비워놓아도 되는가? 자기만 나가 대접을 잘 받고 돌아다닌다"는 등... 옆에서 보는 사람들조차도 안타깝게 생각한다.

"모든 것을 다 제공하고도 이런 압박을 받아가며 왜 양로원을 운영하는가? 차라리 하나님께서 주신 찬양 사역에 집중하는 것이 더 좋은 열매를 맺을 텐데..."

하지만 본인은 가족이기 때문인지 또 다른 이유 때문인지 이런 삶에서 벗어나려는 의지가 없다. 육체적 노동과 정신적 스트레스로 몇 년 전 만났을 때 상당했던 미모가 점점 시골스러워지는 모습을 볼 때 안타까울 뿐이다.

가족이라는 운명적인 끈 때문에 고통당하는 사람들을 종종 보게 된다. 전통적으로 대가족 문화였던 한국사회에 남아있는 폐단일 수도 있고, 한국인의 끈끈한 정이 혈연관계를 틈타고 들어와 족쇄를 채우는 현상인지도 모른다. 예수님이 말씀하신 가족개념은 무엇인가? "누구든지 하나님의 뜻대로 하는 자가 내 형제요 자매요 어머니이니라" 마가복음 3:35

물론 가족은 하나님이 주신 귀한 혈연공동체이다. 그렇기 때문에 더더욱 가족 구성원 중 하나가 다른 가족들을 위한 희생제물이 되어서는 안 된다. 하나님 안에서 서로 돕는 관계, 서로를 세워주는 관계가 진정한 가족관계라 할 수 있다. 더 나아가 크리스천 형제자매를 하나님의 가족이라는 차원에서 대하는 태도가 기독교의 가족관이다.

젊은 시절 미국에 갔을 때의 일이다. 미국인 친구 사역자와 이야기를 나누던 중 내가 부모님과 함께 살고 있다고 하자 그녀는 깜짝 놀라며 말했다. "Your parents are spoiling you." "네 부모님이 너무 지나치게 잘해주시는구나"라는 의미였다.

한 걸음 더 확대해석한다면 "네 부모님은 너를 응석받이로 대하는 불필요한 일을 하고 계신다"라는 뜻이었다.

미국 상황에서 보면 충분히 이해되는 말이다. 그들은 자녀가 고등학교를 졸업하면 대학기숙사에 들어가거나 독립해서 나간다.

언젠가 방문했던 미국 목사님 가정에서 아들이 대학교에 입학했을 때 함께 가구점에 쇼핑을 갔던 적이 있다. 아들의 새살림을 위해서 침대며 소파를 장만하러 간 것이다. 당시 아들은 18살 정도였다. 그 나이에 부모에게서 독립하는 것을 부모나 당사자나 너무도 당연하게 생각했다.

당신은 하나님께서 특별한 목적이 있어 이 세상에 보내신 존재이다. 그 목적은 누구에 의해서도 방해받아서는 안 된다. 가족이라 할지라도 말이다. 그렇게 하기 위해서는 상대방의 요구에 적정선을 그을 줄 알아야 한다. 요즘 젊은 세대 중에는 이 부분에서 상당히 자유를 누리는 모습을 보면서 마음이 흐뭇하다.

히스기야 왕은 바벨론 사신들과 같은 편이라고 생각했기 때문에 그들이 하자는 대로 했다. 지금 당장은 그들과 같은 편일 수 있다. 하지만 함께 앗수르를 무찌르고 나면 바벨론은 그 다음 누구를 겨냥하겠는가? 유다를 공격하는 것이 다음 순서가 아니겠는가?

지금 내 명성을 치하하며 다가오는 사람이 조만간 적이 될 수 있음을 기억하라. 지금 나를 칭찬하는 것은 이용가치가 있어서 그런 것이다. 칭찬을 많이 하는 사람일수록 일순간에 얼굴색을 바꾼다는 것을 알아야 한다. 지금은 나의 위치 때문에 혹은 나와의 관계 때문에 부득이 그렇게 처신하지만 언제 어떤 식으로 변수가 생길지 모른다. 이에 대비하는 것이 현명한 처신이다.

내 주변에 K라는 사역자가 있었다. 내 앞에서는 기가 막히게 순종을 잘 했다. 말을 하면 눈치 빠르게 척 알아차리고 내가 원하는 바를 신속하게 실천했다. 외모에서 풍기는 이미지도 착하다 못해 약간 바보스러워 보이기까지 해서 남들이 경계심을 풀기가 일쑤였다.

그런데 얼마가 지난 후 들려오는 소리는 그가 다니면서 나를 험담한다는 것이다. 그 말을 들은 사람이 찾아와 미주알고주알 이야기를 해 줘서 알았다.

하지만 그 전부터 왠지 그를 생각할 때면 내 영이 즐겁지는 않았다. 뭔가 간교한 영이 활동한다는 느낌은 있었다. 아니나 다를까 그는 뒤에 가서 하는 행동을 숨기기 위해 앞에서는 몇 십 배나 더 잘하는 잔꾀를 부렸다.

이를 알고 난 후부터는 마음으로부터 그를 멀리했다. 그랬더니 불필요한 삶의 손실이 줄어들었다.

10여 년 전 미국에 갔을 때 "이글스 클럽Eagles' Club"이라는 예언사역 그룹 멤버들을 만나 함께 사역을 한 적이 있다. 우리는 서로를 위해 기도해주고 안수하고 권면 및 성령님께서 주시는 감동의 메시지를 나누는 시간을 가졌다.

그 때 나를 위해 기도하고 말씀을 나눈 어떤 사역자의 멘트가 지금도 기억에 남는다. "앞으로 많은 사람들이 당신에게 다가올 것입니다. 하지만 그들 모두를 수용하지는 마세요. 그 중에는 당신의 위치를 이용하려고 오는 사람들도 있을 겁니다. 사람들을 잘 분별해야 안전한 사역을 할 수 있습니다."

당신에게 어떤 사람들이 찾아오는가? 잘 분별해서 사귀라. 내가할 도리를 하되 상대방의 요구에 나를 손쉽게 넘기지는 말라. 상대방이 아니라 내 입장에 맞춰 승낙과 거절을 하라. 끝까지 성공하기 원한다면 상대방의 요구를 내 입장에 맞추어 조율하는 지혜를 발휘해야 한다. 한 가지 기준을 마음에 새겨라.

"내가 지금 하는 일은 남의 요구인가? 나의 선택인가?"

3. 하나님과 나만의 내탕고를 닫아라

하나님께서는 당신이 하나님과만 간직해야 할 부분을 주셨다. 이것이 하나님과 나만의 내탕고이다. '내탕고treasures'라는 말은 보물을 보관한 창고를 뜻한다. 국가의 금고이기도 하다.

히스기야 왕은 이 비밀창고, 내탕고를 적에게 내 보였다. 이런 유아기적인 태도를 하나님은 싫어하셨다. "이사야가 이르되 그들이 왕궁에서 무엇을 보았나이까 하니 히스기야가 대답하되 내 궁에 있는 것을 그들이 다 보았나니 나의 창고에서 하나도 보이지 아니한 것이 없나이다 하더라" 열왕기하 20:15 개역 한글성경은 이렇게 표현한다. "나의 내탕고에서 하나도 보이지 아니한 것이 없나이다"

그때 이사야가 무엇이라고 예언하는가? "여호와의 말씀을 들으소서 여호와의 말씀이 날이 이르리니 왕궁의 모든 것과 왕의 조상들이 오늘까지 쌓아 두었던 것이 바벨론으로 옮긴 바 되고 하나도 남지 아니할 것이요 또 왕의 몸에서 날 아들 중에서 사로잡혀 바벨론 왕궁의 환관이 되리라 하셨나이다" 열왕기하 20:16-18

이 예언은 그대로 성취되었다. 바벨론 왕 느부갓네살은 여호야김 왕 때 1차 침입을 해서 왕을 봉신으로 삼아 조공을 바치게 하고 유대인들을 포로로 잡아갔다. 다니엘과 세 친구도 이때 바벨론으로 사로잡혀 갔다.

또 다시 여호야긴 왕 때 2차 침입을 해서 여호와의 전과 왕궁의 보물을 가져갔으며 여호야긴 왕과 가족과 나라의 권세자들을 잡아갔다. 용사 7천명과 공장과 대장장이 천명도 함께 잡아감으로 유다의 군사력 자체를 훼파했다.

그 후 꼭두각시로 세워놓은 시드기야 왕이 애굽에 의지해서 바벨론에서 벗어나고자 하자 그의 아들과 귀족들을 그가 보는 앞에서 죽였다. 그리고 시드기야 왕은 두 눈이 뽑힌 채 사슬에 매여 짐승처럼 바벨론으로 끌려갔다.

왕의 보물이 바벨론으로 옮긴바 되리라는 예언과 후손이 바벨론에 사로잡혀 가리라는 예언은 이처럼 이루어졌다. 엄청난 손실이요 재난이 아닐 수 없다.

우리 인생에는 하나님과 나만의 내탕고가 있다.

하나님과 나 사이에서만 간직해야 하는 부분이다. 성령님의 특별한 감동이 없다면 절대 사람들과 나누지 말아야 한다.

내탕고는 하나님과 나 사이에 간직된 비밀일수도 있고, 하나님께만 드려야 할 옥합일수도 있고, 하나님께서 나에게 주신 자원일수도 있다.

그 무엇이건 쉽사리 열어서 내 보이지 말아야 한다. 적군 앞에서

라면 더 말할 나위가 없다.

전쟁에서 정보는 매우 중요하다. 적군에게 내가 어느 정도의 무기와 병력을 소유하고 있는지 알려준다면 그보다 좀 더 준비해서 나를 패배시키라고 말하는 것과 다를 바 없다. 히스기야 왕이 공개한 내탕고를 보면서 바벨론 사신들은 계산했을 것이다. '히스기야와 유다를 치기 위해서는 병력이 이 정도 있으면 되겠구나...'

누가 묻는다고 해서 내탕고를 함부로 열지 말라. 그것은 내 비밀이라고 솔직하게 말하라. 괜히 친한 척 한다고 내탕고를 다 열다가는 나중에 곤란을 당하게 된다.

과거를 묻는 남편에게 실토한 자매님의 이야기를 들은 적이 있다. 솔직하게 말하면 모든 것을 다 이해한다던 남편이 막상 아내의 과거를 들은 후에는 견딜 수 없이 괴로워했다. 나중에는 부부생활이 안 되어 결국 이혼을 하게 되었다. 평지풍파를 자초한 셈이다.

남자의 과거도 마찬가지이다. 그 말 듣고 기분 좋을 아내가 어디 있을까? 차라리 아무 과거가 없었던 것처럼 서로 오해하고 지내는 것이 낫다. 모든 남편과 아내가 다 과거가 있을지라도 내 남편과 내 아내만은 아니라고 생각하며 살아라. 과거는 주님 안에서 정리하고 새로운 미래를 향해서 힘차게 나아가라.

성령님께서 내게 주시는 말씀이 있다면 그것도 나의 내탕고이다. 잘 분별해서 처신해야 한다. 그 사람에게 꼭 전달할 필요가 있는지,

그가 받을 준비가 되어 있는지, 지금이 말할 때인지를 기도하고 행하라. 그렇지 않으면 상대방에게 상처를 줄 수 있다. 여기서 좀 더 지나치면 미친 사람 취급을 받을 수도 있다.

C라는 성도님은 성령님이 자기에게 많은 말씀을 하신다고 자부하면서 살았다. 그리고 받은 말씀을 당사자에게 반드시 전달해야 한다는 강박증을 갖고 있었다.

한번은 내게 와서 이런 고민을 토로했다. "지금 병원에 가려는데 간호사에게 주시는 말씀이 있어요. 그런데 어떻게 전하면 좋죠? 말로 할까요? 쪽지를 써서 줄까요? 그가 안 받아들이면 어떻게 하죠?"

나는 타일렀다. "자매님, 그런 거 하지 마세요. 하나님은 인격적인 분이라서 생면부지의 사람에게 그런 식으로 메시지를 주시지 않아요. 특수한 상황에서 그런 일이 있어야 한다면 상대방도 수용할 수 있는 환경을 만들어주시죠. 아무에게나 말씀을 받았다고 전하는 것은 하나님께서 하시는 일이 아니에요."

신명기 18장 22절 말씀을 기억하라. "만일 선지자가 있어 여호와의 이름으로 말한 일에 증험도 없고 성취함도 없으면 이는 여호와께서 말씀하신 것이 아니요 그 선지자가 제 마음대로 한 말이니"

하나님과 나만의 내탕고는 문도 잘 잠가야 하지만 내면을 자주 청소할 필요가 있다. 내 속에 온갖 잡동사니 쓰레기가 차 있으면 성령님의 음성이 아니라 귀신의 음성이 들릴 수 있다. 무분별하게 들리는 음성을 마구잡이로 신뢰하고 남발하다가는 낭패를 당하는 수가 있다.

이렇게 사는 사람 중에는 영적 교만이 가득한 자들이 많다. 자신은 하나님의 음성을 듣는 차원 높은 신앙생활을 한다고 착각한다. 그리고 인위적인 방법까지 동원해서 자신의 신령함을 드러내려고 한다.

한 가지 재미있는 예가 있다. 꼭 어떤 일이 일어난 후에야 이렇게 말하는 증상이다. "나는 그 일이 있을 줄 진작에 알았어. 하나님께서 내게 그런 일이 생길 거라고 미리 말씀하셨거든." 그런데 신기한 사실은 왜 그 일이 발생하기 전에는 말을 않고 있다가 일이 일어나고 난 후에야 그 말을 하는가라는 점이다. 일이 발생한 후에 입을 때라는 계시까지 함께 받은 것일까?

마리아의 옥합이 빛났던 것은 그 옥합을 깨뜨리는 순간까지 잘 간직했기 때문이다. 미리 사람들에게 광고하고 자랑했더라면 도둑을 맞았을 수도 있고 옥합을 못 가져가도록 방해를 받았을 수도 있다. 하나님의 지시가 있을 때까지 내탕고를 잘 지켜라. 그러면 가장 중요한 순간에 빛나게 쓰임 받는다.

어떤 사람이 랍비를 찾아와서 말했다. "랍비님! 저는 제가 바보라는 것을 압니다. 그래서 이 일을 어떻게 처리할지 모르겠습니다." 랍비가 감탄하면서 말했습니다. "내 아들아! 네가 바보라는 사실을 안다면 너는 절대로 바보가 아니다."

그때 바보가 되물었다. "그런데 왜 사람들은 나를 바보라고 그러지요? 그래서 나는 바보인 줄 알고 있는데요." 랍비가 말했다. "너는 바보가 아닌데 사람들이 바보라고 한다고 바보로 알고 있다면 너는 바보가 틀림없느니라."

당신 인생의 기준은 사람들이 아니다. 그러므로 사람들을 위해 내탕고를 열 필요가 없다. 지금까지 그 내탕고가 무분별하게 활짝 열려 있었다면 서둘러 그 문을 닫아라. 당신에게 주신 하나님과 당신만의 내탕고를 잘 지키는 것, 이것이 퍼스트 클래스의 기품을 유지하는 포스가 아닐까?

F.I.R.S.**T**.C.L.A.S.S

용납

'그럴 수도 있지!'
하는 자에게

'그럴 수도 있지!'
하는 자에게

고도원의 아침편지라는 인터넷 사이트에서 "그럴
수도 있잖아요"라는 시를 읽은 적이 있다.

그 내용 중 일부분을 소개한다.

화 잘 낸다고 나무라지 마세요. 일 때문에 피곤하고 신경이 예민하면 그
럴 수도 있잖아요. 무식하여 아무것도 모른다고 멸시하지 마세요. 배울
수 있는 길이 제한되어 못 배웠으니 그럴 수도 있잖아요. 인색하고 없다
고 미워하지 마세요. 재정 때문에 시달릴 때를 염려하여 절제하다 보니
그럴 수도 있잖아요. 그럴 수도 있잖아요. 왜! 왜! 왜냐고 따지지 마세요...
세상만사는 모두 그럴 수가 있기 마련이니까요. 그럴 수도 있지! 이해하
는 습관은 행복을 만드는 신호랍니다.

성경에도 '그럴 수도 있지!'를 깨달음으로 행복을 찾고 앞길을 열어간 이야기가 나온다. 한 아들을 잃고 나머지 아들마저 내어줘야 할 입장에 있던 야곱이 마침내 선택한 '그럴 수도 있지!'의 길이다.

야곱이 말년에 새롭게 다듬은 '그럴 수도 있지!'의 인생관으로 당신을 안내하고자 한다. 그렇게 함으로 불필요한 고통을 덜어 줄 수 있다면 당신의 행복이고 나의 보람이고 하나님의 기쁨이 되겠기에 말이다.

그러므로 나는 당신의 손을 잡고 지금까지 걸어온 길이 아닌 다른 오솔길로 들어가고자 한다. 즉, '그래선 절대 안 돼!'의 길에서 '그럴 수도 있지!'의 길로 터닝turning을 해 보자는 것이다.

신선한 숲의 공기도 마실 겸 즐거운 마음으로 함께 떠나보지 않겠는가?

I. 내 생각에 갇혀 있는 한 고통은 사라지지 않는다

구약시대에 전 세계적으로 기근이 다가온 적이 있다. 애굽은 이 흉년을 대비해 모아놓은 곡식을 대대적으로 팔았고 이때 얻은 소득으로 왕의 국고는 크게 증가해 수많은 건축물과 도로를 건설하는 대규모 노예들을 확보할 수 있었다.

하나님께서는 이 기근을 위해 미리 요셉을 애굽의 국무총리 자리에게 앉혀 두셨다. "각국 백성도 양식을 사려고 애굽으로 들어와 요셉에게

이르렀으니 기근이 온 세상에 심함이었더라" 창세기 41:57

이런 세계적인 대기근 상황에서 야곱은 곡식을 사오도록 아들들을 채근하며 애굽으로 보낸다. 그런데 뜻밖의 문제가 발생한다. 곡식을 파는 절대 권한을 가진 애굽의 총리 요셉이 베냐민을 데려오라고 요구하면서부터였다.

형들은 요셉을 알아보지 못했지만 요셉은 그들을 알아본다. 그리고 그 누구보다도 보고 싶은 동복형제인 베냐민을 데려오도록 시므온을 옥에 가둔 채 한편의 자작극을 펼쳐나간다.

이것이 야곱에게는 큰 근심으로 다가오게 된다. '사랑하는 아내 라헬의 소생인 요셉을 이미 잃었는데 이제 그 동생 베냐민마저 잃게 되면 죽은 후에도 라헬을 무슨 낯으로 보랴?'는 심정이었을지 모른다. '여지껏 베냐민 하나를 바라보며 시름을 잊어보려고 애쓰며 살아왔는데 이제 이 아이마저 내 곁에서 사라지면 무슨 낙으로 삶을 지속하랴?'는 절박함이었을 수도 있다.

야곱이 이런 내면의 고뇌를 안고 밤잠을 설치는 동안 가지고 온 양식은 떨어지게 된다. 다시 애굽으로 가서 양식을 사오라고 종용하는 야곱에게 유다는 이렇게 반박한다. "아버지, 애굽 총리가 우리에게 있는 아우를 데려오지 않으면 다시는 오지 말라고 했습니다. 그러니 저희가 어찌 베냐민 없이 가서 그를 대할 수 있겠습니까?"

베냐민을 데려가겠다고 하는 아들들과 그를 보내지 않으려는 야곱 사이에 옥신각신하는 논쟁이 벌어진다. 해결책은 간단했다. 베냐민을 보내면 되는 것이었다.

하지만 야곱은 그렇게 할 수 없었다. 너무도 소중한 베냐민이었기에... 베냐민을 잃음으로 다시 한 번 상실의 아픔을 겪고 싶지 않았기에... 야곱은 이런 갈등상황을 초래한 아들들이 원망스럽기만 하다. 그래서 나무란다.

"너희가 어찌하여 너희에게 또 다른 아우가 있다고 그 사람에게 말하여 나를 괴롭게 하였느냐" 창세기 43:6

인간은 생각하는 동물이고 자기 주관에 따라 행동하는 존재이다. 우리 뇌 속에는 약 천 억 개가 되는 뉴런이 뇌의 정보를 처리하는 기본단위로 자리하고 있다. 각 뉴런은 주변의 다른 뉴런과 시냅스라는 복잡한 연결망 구조로 얽혀 커다란 네트워크를 형성하고 있다. 이처럼 서로 연결된 뉴런의 상호 활동에 따라 신경계가 다양한 모습을 띠게 된다.

그러므로 각 사람은 생각과 감정이 다르며 외부사건에 반응하는 태도도 다르다. 백이면 백사람 생각이 다르다고 보면 정답이다. 인간의 내면이 워낙 다양하고 복잡한 구조로 되어 있기 때문에 옛 속담에도 "열 길 물속은 알아도 한 길 사람 속은 모른다"는 말이 유래한 것이다. 과학적으로 이것을 유전자와 환경의 차이로 보는 이들도 있다. 어떤 요인에 의해서이건 인간은 서로 다른 내면구조를 갖고 있다.

이런 사실을 전제로 할 때 우리는 이해의 용량을 좀 더 넓힐 필요가 있다. "어찌 그럴 수가 있어?", "어찌 이런 일이 일어날 수 있어?" 라는 틀 속에 살면 인생은 계속 힘들어진다.

70년, 80년, 90년, 100년 가까운 인생을 살자면 별의별 일이 다 일어난다. 기쁘고 행복한 일도 있겠지만 슬픈 일도, 고약한 일도, 기분 나쁜 일도 우리 인생에는 다반사로 일어난다. 불어식 표현으로는 이것을 "C'est la vie(그것이 인생이야)!"라고 한다.

좋은 사람도 있다. 하지만 싫은 사람, 미워죽겠는 사람, 날 괴롭히는 사람 등 "가까이 하기엔 너무 먼 당신들"에 속하는 사람들도 있다. 중요한 것은 이 모두를 대하는 나의 태도다. 어떤 대상 앞에서든 '그럴 수도 있지!'라고 생각하면 답이 나온다.

남편이나 아내가 날 사랑하면 좋지만 아니라면 '그럴 수도 있지!'라고 생각하라. 자녀들이 순종을 잘하면 좋겠지만 아니라면 '그럴 수도 있지!'라고 하라. 돈이 많으면 좋겠지만 부족하다 해도 '그럴 수도 있지!'라고 생각하라.

맘에 들지 않는 일이 생길 때 사람들은 여러 가지 반응을 보인다. 짜증을 내는 사람, 울분을 터뜨리는 사람, 인생을 한탄하는 사람, 마침내 하나님을 원망하는 사람들에 이르기까지... 이게 다 화병 걸릴 증상들이다. "내 입장이 돼 보라고! 화가 안 나게 생겼는가?"

맞는 말이다. 그 입장 돼 보면 나는 당신보다 더 화를 낼지도 모른다. 그 입장 돼 보면 울분이 터지고, 다 뒤집어엎어도 속이 시원치 않으리라는 것을 이해하지 못하는 바가 아니다. 그렇다면 끝끝내 그렇게 울분을 터뜨리며 살다가 자폭할 계획인가? 그게 아니라면 일찌 감치 방법을 찾아야 한다.

뒤집어 생각해 보자. 나쁜 일이라고 속속들이 다 나쁜 것은 아니다. 지난날 내게 원치 않는 일과 아픔이 있었기 때문에 나는 오늘 이처럼 성장했다. 나도 그만큼 아파봤기 때문에 남의 아픔을 이해하는 사역자가 되었다. 의지할 사람이 아무도 없었기 때문에 주님만 의지하게 되었다. 이 시점에서 갑자기 수년전에 지은 이 시가 떠오른다.

이 말을 하렵니다

세월이 흐른 후 이 말을 하렵니다

어려움 온다고 물러서지 않았노라
절망이 분다고 흔들리지 않았노라
도우는 이 없다고 낙심치 않았노라
그 누구의 도움도 구걸치 않았노라

맘 문 열 이 없었기에 주님 내 맘 얻으셨고
내 편만은 없었기에 능하신 편 붙들었고
천만인이 날 두를 때 참 피난처 찾았노라

원수의 찌르는 칼을 날 강하게 할 뿐이요
굶주린 내 영혼은 생명양식 얻을 텐데

그 날 오면 잊지 않고 이 말을 하렵니다
"언젠가 이 말을 하게 될 줄 알았노라"

야곱의 경우를 다시 보자. 그가 베냐민을 못 놓겠다고 끝까지 끌어안고 내 주장을 할 때는 본인도 고생스럽고 가족들도 함께 고통스러웠다. 양식이 떨어졌는데 사러 가지도 못하고 안절부절 하는 상황이 지속되었다.

당신이 지금 어떤 부분에서 내 생각을 고집하면 야곱의 가족처럼 괴로울 수 있다. '이거 아니면 안 돼!'라고 생각하면 몹시 힘들 수 있다. 그럴 때 자신에게 이렇게 말해보라. '그럴 수도 있지!' 이 말이 차마 안 나오는가? 그러면 이렇게 말해 보라. '그럴 수도 있지 않을까?'

나는 젊은 시절 질병으로 많은 고통을 당했다. 육신의 병도 힘들었지만 심리적인 병이 더 힘들었다. 이에 덧붙여 나의 청춘이 중세 암흑기에 갇혀 있다는 사실에 분노가 솟구쳤다.

대학 선배라고 자처하는 어느 한의사에게 이런 증상을 토로하자 그가 말했다. "젊은 시절 이렇게 고통을 당하니 참 안되었군요. 오늘부턴 화가 날 때 참지 말고 바가지를 쳐서 깨뜨리세요. 그러면 속이 후련해 질 겁니다."

그 날 돌아오는 길에 플라스틱 바가지를 하나 샀다. 그리고 그 앞에 앉아서 솟구치는 분노를 담아 바가지를 격파하기 시작했다. 하지만 바가지를 내리치는 순간 오히려 내 부드러운 오른손만 작살나고 말았다는 사실을 몇 초도 안 되어 쉽게 알아챘다.

왜 나를 이렇게 괴롭히느냐고 인생을 향해 소리를 질러도 삶은 끄

덕도 하지 않는다. 그렇다면 삶을 향해 이렇게 소리 질러 보라. "왜 나에게만 이처럼 불공평하게 잘 해주느냐고?"라고...

지구상에 수많은 사람이 굶주림으로 고통당하는데 왜 나에게는 하루 세 끼 먹을 음식이 충분하냐고. 겨울철에도 집이 없어 역전이나 전철에서 잠을 자는 노숙자들이 많은데 왜 내게는 따뜻한 잠자리와 아늑한 방이 있냐고. 직장을 구하기 위해 수많은 회사에 입사원서를 넣어도 매번 탈락의 고배만 마시는 사람도 있는데 왜 내게는 일할 수 있는 직장이 있냐고. 자녀가 약물중독에 빠지거나 나쁜 친구들과 어울림으로 속을 끓이는 부모도 있는데 왜 내 자녀는 반듯하게 학교를 다니고 있냐고. 가정폭력과 배우자의 외도로 산산조각이 난 가정도 많은데 왜 우리 가정은 정상적인 부부관계를 유지하느냐고.

천재지변이나 사고로 가족들을 전부 혹은 일부를 잃고 큰 아픔을 안고 사는 사람도 많은데 왜 우리 식구는 아무도 큰 사고 없이 안전하게 사느냐고. 지금도 병원에 가면 수많은 환자들이 병상에 누워 하루빨리 퇴원하기만을 기다리는데 왜 나는 자유의 몸으로 거리를 활보하고 있냐고. 불의의 사고로 사지가 절단되어 불구의 몸으로 살아가는 사람도 많은데 왜 나는 사지 멀쩡한 몸으로 하고 싶은 몸동작을 다 하며 사느냐고. 겉으로는 멀쩡해도 정신질환과 신경증으로 내면의 몸부림치는 고통을 안고 있는 사람도 많은데 왜 나는 온전한 정신으로 생활하고 있냐고.

이런 조건 중의 모든 것이 아니라 할지라도 이 가운데 여러 가지가 왜 내게는 특혜처럼 주어져 있느냐고. 왜? 왜? 도대체 왜?...

당신에게 왜 그런 큰 혜택이 주어졌는지 세상이 너무도 불공평하다고 말해 본 적이 있는가? 그런 적이 없다면 지금 말해보라. 그러면 당신이 얼마나 많은 혜택을 누리고 사는 인생인지 새삼스레 깨닫게 될 것이다.

배우자가 왜 돈을 못 버는가만 생각했는가? 자녀가 왜 성적이 나쁜가만 생각했는가? 왜 내 집 하나 없이 밤낮 전세만 전전해야하는가 생각했는가? 왜 나는 힘든 직장생활을 해야만 하는가 생각했는가? 왜 내겐 학벌이나 미모가 남보다 떨어지는가 생각했는가? 왜 나의 목회지는 신학 동기들보다 초라한가라고 생각했는가? 왜 우리 부모는 남의 부모만큼 성공을 위한 앞길을 열어주지 못했는가 생각했는가?

이 시점에서 당신이 진정 행복한 인생이 되려면 갇혀있는 생각에서 먼저 탈피해야 한다. 내 뜻대로 되어야 한다고 생각했던 그 부분에서 나를 묶고 있던 사슬이 풀려야 한다.

그때 당신은 보기 시작한다. 그간 나를 어렵게 하고 삶을 어렵게 했던 원인이 바로 나 자신의 편협한 생각의 틀이었다는 사실을 말이다. 의식조차 못했던 생각의 감옥, 거기서 해방되는 순간 당신의 내면은 퍼스트 클래스를 타기 시작한다.

2. 내 생각을 내려놓으려면 하나님을 바라보는 결단이 필요하다

내 생각을 내려놓는 것이 잘 안 되는 이유는 그 일이 쉽지 않기 때문이다. 그래서 결단이 필요하다. 베냐민을 보내느냐 마느냐를 결정할 때 야곱에게는 심각한 고민이 다가왔다.

아우가 있다는 말을 왜 꺼냈냐고 질책하는 아버지 야곱과 아들들 사이의 논쟁은 계속된다. "그들이 이르되 그 사람이 우리와 우리의 친족에 대하여 자세히 질문하여 이르기를 너희 아버지가 아직 살아 계시느냐 너희에게 아우가 있느냐 하기로 그 묻는 말에 따라 그에게 대답한 것이니 그가 너희의 아우를 데리고 내려오라 할 줄을 우리가 어찌 알았으리이까" 창세기 43:7

이때 유다가 나서서 말한다. "아버지, 베냐민을 데려가도록 허락하소서. 제가 그의 생명을 책임지겠습니다." 그리고 독촉한다. "우리가 지체하지 아니하였더라면 벌써 두 번 갔다 왔으리이다" 창세기 43:10

야곱은 마침내 베냐민을 보내기로 결단한다. 어려운 결단이었다. 라헬을 얼마나 사랑했는데… 라헬의 아들 중 요셉이 이미 사망했고 (형들 말에 따르면) 이제 하나 남은 베냐민마저 보내면 살아서 돌아오지 못할 수도 있는데… 결코 쉽게 결단될 상황은 아니었다.

아들을 군대에 보내놓고 나니 갑자기 사망했다는 비보를 접한 어머니에 관한 글을 읽은 적이 있다. 얼마나 억장이 무너지는 마음이었을까? 사망 소식을 듣기 며칠 전에 아들에게 받은 문자 메시지에는 "어머니, 이번에 휴가 나가면 맛있는 것 사 드릴께요"라고 적혀있었다는 것이다. 보는 이로 하여금 짙은 아픔을 느끼게 하는 글이었다.

야곱도 베냐민을 보내는 결단에서 정신적인 번뇌가 찾아왔을 것이다. 번뇌라는 단어가 주는 느낌은 고뇌를 한층 넘어서는 수준이다.

그러나 야곱은 마침내 결단했다. "네 아우도 데리고 떠나 다시 그 사람에게로 가라" 창세기 43:13 야곱은 그렇게 애지중지 아끼고 또 아끼며 빼앗길 것을 두려워하던 베냐민을 데리고 가도록 마침내 허락했다.

야곱은 이 시점에서 어떻게 자기생각을 내려놓고 이처럼 OK 결단을 내릴 수 있었을까? 하나님을 바라보는 믿음 때문이었다.

"전능하신 하나님께서 그 사람 앞에서 너희에게 은혜를 베푸사 그 사람으로 너희 다른 형제와 베냐민을 돌려보내게 하시기를 원하노라 내가 자식을 잃게 되면 잃으리로다" 창세기 43:14

이것이 야곱의 인생을 지탱해 온 저력이 아니었던가!

야곱은 수많은 환란과 우여곡절을 겪은 인생이었다. 에서를 속이고 장자권을 탈취한 후 에서가 두려워 부득이 가출을 해야 했다. 외삼촌 라반의 집을 향해 떠나면서 돌베개를 베고 자는 고난이 시작되었다.

라반의 집에 들어간 후 20년간 불공정한 계약관계에서 종살이를 해야 했으며, 가족과 재산을 이끌고 고향으로 돌아가는 길목에서 세일 땅 에돔 들을 지나면서 에서와의 재회를 앞두고 또 다시 두려움에 떨어야 했다. 가족들을 먼저 보낸 후 얍복 나루에 홀로 남아 천사와 씨름함으로 환도뼈가 부러지는 고통을 겪어야 했다.

여정중에 가장 사랑하던 라헬과 사별하는 아픔을 체험했고 딸 디나가 강간당하는 가문의 환란이 다가왔다. 그리고 어느 날 형들에게 심부름 보낸 요셉이 짐승에게 찢겨 죽었다는 비보를 듣게 된다. 야곱의 삶은 너무도 파란만장한 인생이었다.

그래서 나중에 애굽에 가서 바로 왕을 만났을 때 자기를 이렇게 소개한다. "내 나그네 길의 세월이 백삼십 년이니이다 내 나이가 얼마 못 되니 우리 조상의 나그네 길의 연조에 미치지 못하나 험악한 세월을 보내었나이다" 창세기 47:9

야곱이 이런 험악한 인생을 꿋꿋이 견딜 수 있었던 한 가지 힘이 무엇이었는가? 하나님을 바라보는 믿음이었다! 야곱은 베냐민을 데려가도록 내어주면서 심지어 자식을 잃는 일이 있다면 그것조차 받아들이기로 결단한다. "하나님이 이 일조차 하신다면 내가 어찌하겠는가?" 이것이 야곱의 인생관이요 신앙관이었다.

야곱이 에서를 제치고 이스라엘 열 두 지파의 조상이 되는 장자권을 확보한 것은 다 이유가 있다. 하나님을 바라보고 그분의 주권적인 손길에 인생을 내려놓는 결단의 믿음 때문이었다.

하나님은 이런 사람에게 복을 주신다. "하나님이 그렇게 하신다면 내가 어찌 전능자의 손길을 막으랴? 하나님의 계획이 그러하실진대 내가 달리 무엇을 하랴?"

결단하기 어려운 문제가 있는가? 하나님의 손길을 바라보라. 베냐민을 보내는 것과 같은 심각한 결단을 할 때 야곱처럼 두 가지를 생각하라.

1 하나님의 전능하신 손길을 믿고 기대하라

"전능하신 하나님께서 그 사람 앞에서 너희에게 은혜를 베푸사 그 사람으로 너희 다른 형제와 베냐민을 돌려보내게 하시기를 원하노라" 창세기 43:14 베냐민을 보내면 다시 돌아오지 못할 수도 있는 상황에서 이 고백을 했다는 것이 믿음이다.

앞길이 막연한 상황에서 이렇게 고백할 수 있겠는가? 원치 않는 일이 발생할 가능성이 있는 상황에서 이렇게 말할 수 있겠는가? "내 인생을 주관하시는 분은 하나님이시니 그가 좋은 길로 인도해 주실 것을 나는 믿는다." 그렇게 할 수 있다면 당신의 믿음은 보통 수준을 넘어선다.

2 기대가 어긋나는 상황조차도 하나님께 일임하라

야곱은 베냐민이 무사히 돌아올 것을 소원했다. 하지만 만에 하나, 하나님께서 그 아이를 돌려보내지 않으신다면 아들을 잃는 것도 감수하기로 결심했다. "내가 자식을 잃게 되면 잃으리로다" 창세기 43:14

하나님께서 내가 원치 않는 일을 행하신다 해도 그것조차 하나님의 주권에 맡기고 받아들이겠다는 태도이다. 비장한 결단이 아닐 수 없다. 믿음의 고수들만이 할 수 있는 경지이다.

어떤 전도사님 이야기이다. 그는 신장질환이 있어서 1주일에 3회씩 투석을 받아야 했다. 이렇게 하는 과정은 고통스러웠고 많은 시간적 손실이 있었다. 그는 하나님이 이해가 안 된다고 했다. "왜 내게 이런 고통을 가하시는가?" 하나님이 원망스러웠다. 그래서 얼굴에는 언제나 그늘이 져 있었고 남들을 바라보는 시각도 비판적이었다.

그러던 어느 날 이런 생각이 들었다고 한다. '아픈 것, 그래서 힘든 치료를 받아야 하는 것, 그런 일은 인생에 일어날 수도 있다. 원하는 일만 생긴다면 좋겠지만 인생이란 원치 않는 일도 생기는 법이다. 그렇다면 이 시련마저도 감사함으로 받아들이자.' 그 때부터 치료과정이 견디기 수월해졌고 표정도 한결 밝아졌다. 그리고 치료와 회복이 상당히 빨라졌다.

내려놓기 어려운 일 앞에서 하나님을 바라보자. 사실 하나님은 가장 내려놓기 어려운 일을 하신 분이다. 독생자 예수 그리스도를 이 땅에 보내시고 십자가에 달리게까지 하실 정도로 내려놓으셨다.

예수님도 마찬가지였다. 할 수만 있으면 십자가라는 쓰디 쓴 잔이 지나가기를 원하셨다. 하지만 알고 계셨다. 그 잔은 지나갈 잔이 아니라 마셔야 할 잔이라는 사실을... 그래서 고백하셨다. "그러나 나의 원대로 마시옵고 아버지의 원대로 하옵소서" 마태복음 26:39

아버지의 원대로 이뤄질 때 가장 아름다운 결과가 온다는 사실을 주님은 아셨다. 십자가의 고통을 겪어야 한다면 그것조차 능히 감당하도록 하나님이 도우실 것도 아셨다. 그리고 그 결과가 예수님 자신에게도 최상의 결과가 될 것이라는 사실마저도 아셨던 것이다.

내 생각과 하나님을 바라보는 시선 사이에서 갈등하는가? 나를 내려놓고 하나님을 바라보자. 어떤 상황이 와도 하나님을 바라보겠다고 결단하자. 그리고 자신을 격려하자. '하나님은 이 일을 통해 좋은 길을 열어주실 것을 믿어. 하지만 그렇게 되지 않는다 해도 나는 변함없이 하나님께 순종할 거야.'

3. 내 생각을 내려놓고 하나님께 맡기는 순간 환경은 열리기 시작한다

야곱이 자기 생각을 내려놓는 순간에 잠시 불안과 염려가 찾아왔지만 그것은 곧 환경의 문을 여는 열쇠가 되었다.

그렇다면 베냐민을 보낸 후 어떤 결과가 왔는가? 그를 보고 몹시 기뻐한 요셉은 은잔을 베냐민의 자루에 넣는 테스트를 통해 형제간의 우애를 확인한 후 야곱을 모셔오도록 조치를 취해준다. 그 결과 야곱의 온 가족은 애굽으로 이주한다. 요셉은 이들이 고센 땅에 살도록 거처와 일터까지 마련해준다.

무엇보다도 죽은 줄 알았던 요셉이 살아있음을 확인하는 말할 수 없는 기쁨이 야곱에게 찾아왔다. "요셉이 지금까지 살아 있어 애굽 땅 총리가 되었더이다 야곱이 그들의 말을 믿지 못하여 어리둥절하더니 그들이 또 요셉이 자기들에게 부탁한 모든 말로 그에게 말하매 그들의 아버지 야곱은 요셉이 자기를 태우려고 보낸 수레를 보고서야 기운이 소생한지라 이스라엘이 이르되 족하도다 내 아들 요셉이 지금까지 살아 있으니 내가 죽기 전에 가서 그를 보리라" 창세기 45:26-28 얼마나 기뻤을까? 지금까지 인생에서 겪은 모든 곤고함과 아픔이 일시에 씻겨 내려가는 순간이었으리라!

언제 이런 일이 기적처럼 발생했는가? 내 생각을 내려놓고 하나님께 맡기는 순간에 발생했다. 베냐민을 잃을까 전전긍긍하고 불안했던 야곱이 베냐민마저도 하나님께 내려놓고 맡기자 해결의 실마리가 보이기 시작했다.

염려했던 베냐민의 목숨도 지장이 없었을 뿐 아니라 죽은 요셉까지 살아 돌아오는 기적이 나타났다. 이것이 하나님의 생각을 받아들이는 사람들이 누리는 "환경의 문 열림 현상"이다. 그 문은 열리되 찬란하게 열린다.

'그럴 수도 있지!' 라는 태도를 갖기 시작하면 하나님이 움직이기 시작하신다. 베냐민을 보낼 수밖에 없는 상황이 다가온 것은 알고 보면 하나님의 계획이었다. 그 계획은 기근에 양식만 사오는 것이 아니라 가족 전체를 애굽으로 이주시키는 것이었다. 죽었다고 생각했던 아들 요셉까지 만나게 하는 것이었다.

이런 하나님의 계획은 야곱이 하나님의 생각에 자기 생각을 내려놓으며 베냐민을 보낼 때 펼쳐지기 시작했다. 이렇게 하기로 이미 계획하신 하나님은 야곱이 생각을 내려놓기만을 기다리셨던 것이다.

많은 승객을 태운 배가 폭풍우를 만나 심하게 흔들렸다. 승객들은 구명보트를 찾았으나 폭풍이 너무 심해 그마저도 소용이 없어지자 제각기 하나님께 기도하기 시작했다. 하지만 폭풍은 그칠 줄을 모르고 번개까지 치면서 바람이 더 심해졌다.

모두들 겁을 먹고 떨고 있는데 한 소녀가 기도하기 시작했다. 그러자 얼마 안 있어 폭풍이 그치고 멀리서 육지가 보이는 것이었다. 승객들은 기쁨의 탄성을 질렀다.

육지에 내린 후 소녀에게 어떻게 기도했기에 폭풍이 이렇게 손쉽게 멈추었는지 물었다. 소녀의 대답은 간단했다. "하나님 뜻대로 해주세요라고 기도했어요."

당신의 인생에서 죽은 줄 알았던 요셉을 만나기 원하는가?

그렇다면 베냐민을 가게 하라. 그는 죽지 않을 것이며 오히려 요셉을 만나는 곳으로 당신을 인도할 것이다. 그때 상상을 초월하는 기쁨이 찾아 올 것이다.

한 어머니가 이런 간증을 했다.

쌍둥이 딸 둘을 키우는 일이 너무나 힘들었어요. 어떻게 하면 이 아이들을 내가 계획한대로 잘 기를까 고민이 많았죠. 아이들이 제대로 순종을 안 할 때는 더욱 마음에 번민이 컸답니다.

그러던 어느 날 딸들을 위해서 기도하는데 이런 감동이 오는 거예요. '그 딸들을 내게 바쳐라.' 가슴이 덜컥 내려앉는 것 같았어요. '이 아이들을 주님께 바치면 나는 무슨 낙으로 누구를 바라보며 살

아가나?'

오랜 시간 고민하다가 마침내 결심했어요. 하나님의 손에 이 아이들을 바쳐야겠다고요. 그래서 고백했지요. '하나님, 두 딸을 하나님 손에 바칩니다.' 그때 얼마나 눈물이 쏟아지던지 그칠 줄 모르고 엉엉 울었습니다.

그런데 이상한 일이 일어났어요. 아이들을 바치기로 고백한 그 날 이후로 딸들이 영 다른 사람이 된거예요. 전에는 여러 번 잔소리를 해도 듣지 않고 오히려 곁길로 나가려던 아이들이 이상하게 말을 잘 듣는 거예요. 아니 말하기 전에도 자기들이 알아서 척척 해나가는 거예요.

그 모습을 보면서 깨달았어요. 하나님께 바친다는 것은 빼앗기는 것이 아니라 더 좋은 모습으로 내게 돌아오는 것이라는 사실을 말이에요.

당신의 인생에서 베냐민처럼 이것만은 보낼 수 없다고 생각하는 부분이 있는가? 그래서 야곱처럼 심한 번민이 다가오는가? 그렇다면 베냐민을 보낼 때가 온 것이다. 베냐민을 가게 하라. 하나님은 당신이 베냐민을 가게 하는 순간까지 기다리신다.

조지 뮬러가 말하는 하나님의 뜻을 아는 단계 중 몇 가지를 소개한다.

❶ 어떤 문제가 있을 때 그 문제에 관한 내 생각이 없도록 마음을

비운다.

❷ 결과에 대해서는 나의 감정이나 이성을 개입시키지 않도록 한다.

❸ 성령께서 나를 인도하시고자 하는 방향을 깨달으려고 한다.

❹ 주변 상황을 통해 하나님의 뜻이 어떻게 펼쳐지는지 살펴본다.

죠지 트루엣George W. Truett은 이렇게 말했다. "인간이 가질 수 있는 가장 위대한 지식은 하나님의 뜻을 아는 것이며, 인간이 행할 수 있는 가장 위대한 업적은 하나님의 뜻을 행하는 것이다."

삶이 그대를 힘들게 하는가? 그때 이렇게 당찬 고백을 해 보자 '그럴 수도 있지!' 그리고 여유가 된다면 한 가지 더 첨언해 보자. '그래도 난 주님 뜻 따를 거야!.' 이 고백으로 인해 당신은 상황을 초월하는 자유인 크리스천이 될 것이다. 퍼스트 클래스로 진정한 상위 1%가 되려면 이 정도의 기본기는 준비해야 하는 법이니...

F.I.R.S.T. **C**.L.A.S.S

기회

Chance

그 문을 박차고
들어가라

6

그 문을 박차고 들어가라

　　인도 국경지대 선교가 한창 진행되던 당시의 일이다. 현지인 선교사님으로부터 미니버스가 필요하다는 연락을 받았다. 이 요청을 위해 기도하던 중에 노란 버스가 산악지대를 돌아다니는 심상이 그려졌다.

　　그래서 미니버스 구입을 결정하고 현지인 선교사님께 노란색 미니버스를 구매하자고 논의했다. 그런데 시장 조사를 해 본 결과 노란색 미니버스는 생산되지 않는다는 답변이 왔다.

　　해당 업체 사이트를 찾아보니 블랙, 블루, 레드, 그레이, 화이트, 실버가 다양하게 있었지만 옐로우만은 없었다. 게다가 재고는 현재 그레이 뿐이며 다른 색상은 한 달 반을 기다려야 한다는 것이었다.

　　그렇다면 업체에 옐로우로 페인팅 해 달라 요청하라고 했다. 하지만 생산되는 색깔 중에서만 칠할 수 있다고 답변이 왔다. 노란색 미니버스를 포기할 수밖에 없는 순간이었다. 마지막으로, 이미 찾아보았지만 옐로우 페인팅을 할 수 있는 도색업자를 한 번만 더 알아보라고 요청했다.

이런 우여곡절을 지나면서 며칠 후 이메일이 왔다. "할렐루야! 마침내 도색업자를 찾았습니다. 미니 밴을 노란색으로 칠할 수 있게 되었습니다!" 결국 미니버스는 옐로우 페인팅이 되었고 기대 이상으로 깔끔하고 세련된 미니버스가 제작되어 지금도 인도와 미얀마 국경 산악지대를 누비면서 신나게 선교활동을 감당하고 있다.

이 소식을 들었을 때 성령님께서 말씀하셨다. "네 인생도 옐로우 페인팅 하라. 그러면 네가 꿈꿔왔던 멋진 인생이 연출될 것이다."

그 순간 내 머릿속에 스쳐가는 성경 인물이 있었다. 라합이었다. 라합은 여리고 기생이었다. 매춘부였다. 가장 밑바닥 인생이었다. 그녀의 인생은 어두운 그레이 빛이었다. 아니, 아스팔트 송진처럼 새까만 먹물 인생이었다.

그런데 그 라합은 이스라엘의 멋진 살몬 장군과 결혼을 하는 행운을 얻었고 예수 그리스도의 족보에 오르기까지 한다. 옐로우 인생으로 완벽하게 페인팅 된 대표적인 사례이다.

어떻게 가능했을까? 기회의 문 앞에 섰을 때 그 문을 박차고 들어갔기 때문이다.

당신의 인생에 기회의 문을 박차고 들어가면 인생의 색깔이 달라

진다. 그렇다면 어떻게 절호의 기회를 잡으면 되는가? 3가지 기준이
있다.

I. 대세를 파악하라

여리고에 살던 라합은 어느 날 이스라엘에 관한 소문을 듣게 된
다. 그들이 여호와 하나님의 도우심으로 홍해를 마른 땅처럼 건너고
요단강 동편에서 이미 아모리 왕 시혼과 바산 왕 옥을 전멸시켰다는
소문이었다.

이때부터 라합은 대세를 파악하기 시작한다. 이 소문에 근거할 때
대세는 불을 본 듯 뻔하다. 가나안은 머지않아 이스라엘에게 점령당
한다. 여리고는 그 중 1순위로 점령당할 것이다.

"여호와께서 이 땅을 너희에게 주신 줄을 내가 아노라 우리가 너희를 심히
두려워하고 이 땅 주민들이 다 너희 앞에서 간담이 녹나니" 여호수아 2:9

"녹다"라는 말은 "물이 흘러내리다"라는 뜻이다. 마음이 물처럼
흘러내리는 매우 두려운 상태를 말한다.

"자, 그럼 난 어떻게 하면 되는가?" 이 질문 앞에서 라합은 모종의
결단을 한다. 살아남는 자의 편에 서기로 말이다. 그래서 두 정탐꾼
이 왔을 때 자기 집에 숨겨준다. 라합이 정탐꾼을 숨겨준 행동은 자
기 민족에 대한 의도적 배신도 아니고 정탐꾼들을 향한 호감어린
도움도 아니었다. 단 하나! 대세를 판단해서 자기가 갈 길을 선택한

인생의 결단이었을 뿐이다.

성공하는 사람은 대세파악을 잘 파악한다. 반면, 망하는 사람은 대세파악에 둔하다.

소돔과 고모라가 멸망하기 직전 롯의 사위들은 롯의 말을 농담으로 여기며 대세파악을 하지 못했다. 그 결과 불과 유황에 타 죽고 말았다.

노아가 방주를 짓던 동안 사람들은 방탕에 젖어 홍수심판이 오고 있다는 대세를 파악하지 못했다. 그러다가 다 물에 쓸려 내려가 죽고 말았다.

1940년대 뉴욕의 메이시 백화점은 미국 백화점계에서 1위 업체였다. 다른 백화점에 비해 패션상품에서 앞서갔기 때문이었다.

그런데 1950년대에 들어서서는 소비성향이 바뀌기 시작했다. 고객들은 패션상품보다는 생활용품을 사러 백화점을 찾는 추세로 변했다.

그럼에도 불구하고 메이시 백화점 경영자들은 패션상품을 더 강조해서 광고하는데 계속해서 열을 올렸다.

한편 당시 4위 업체였던 블루밍 데일 백화점은 이런 대세의 흐름을 파악하고 신속하게 "가정용품 전문점"으로 변신했다.

그 결과 2위업체로 단숨에 올라갈 수 있었다. 반면 메이시 백화점은 그때부터 점점 쇠퇴하고 말았다.

당신은 지금 대세를 파악하고 있는가? 지금이 어느 때인지, 내 인생의 어느 시점이 도래했는지를 말이다. 성공하고 싶으면 대세부터 파악해야 한다. 하나님은 대세를 파악하는 자와 함께 하시기 때문이다.

하나님께서 모세의 후계자로 여호수아를 사용하실 때 그에게 대세파악부터 먼저 시키셨다. "내 종 모세가 죽었으니 이제 너는 이 모든 백성과 더불어 일어나" 여호수아 1:2 이제 대세는 여호수아가 백성을 이끌고 일어날 때인 것이다. 모세의 죽음에 연연해하거나 그를 그리워하는 시기는 지나간 것이다.

여호수아는 대세를 잘 파악했다. 그래서 홀로 이스라엘 백성을 이끌고 요단을 건너 가나안으로 진격했다. 그 결과 가나안 정복사의 주인공이 되었다.

당신의 인생에서 여호수아처럼 가나안을 정복하기 원하는가? 라합처럼 인생을 옐로우 페인팅하기 원하는가? 대세를 파악하라. 스스로에게 이렇게 질문해 보라.

"이 상황에서 내가 할 일이 무엇이며 하지 말아야 할 것이 무엇인가?", "가야할 곳이 어디이며 가지 말아야 할 곳이 어디인가?" 과연 어느 길로 가야 인생이 열리는지 간파하라.

대세를 파악할 때 중요한 점은 하나님의 역사의 흐름을 타고 파악하는 것이다. 애국심도 좋고 의리도 좋다. 그보다 더 중요한 것은 하나님의 손길이 지금 이 세상 역사와 내 인생의 역사를 어떤 방향으로 이끌고 가시는가 하는 점이다.

또 다시 인도 국경 선교 이야기를 해야겠다. 담당 현지인 선교사님이 잠깐동안 겪었던 갈등에 관한 이야기이다. 국경선교를 한창 하고 있는 중에 그분이 어려서부터 출석했던 모 교회에서 갑자기 담임목사로 초빙한다는 제안이 들어왔다. 고민이 되는지 내게 이메일로 이 문제를 어떻게 하면 좋겠느냐고 문의를 해 왔다.

나의 답변은 분명했다. "선교사님, 표면적으로는 그분들이 선교사님에게 호의를 베푸는 것 같지만 이면적으로는 선교 프로젝트를 방해하는 영적인 움직임이 느껴집니다. 만일 이 프로젝트를 시작하지 않았더라면 그들의 요청도 없었을 것입니다. 선교사님의 현재 사명은 어느 교회 담임목사로 사역하는 것이 아니라 학교, 고아원, 교회를 개척하고 설립하는 것입니다. 이것이 지금 선교사님 인생을 향한 하나님의 대세의 흐름입니다. 하지만 최종결정은 선교사님이 알아서 하십시오."

그러자 곧장 답장이 왔다. "너무도 정확한 답변으로 받아들여집니다. 하나님께서 이 목사님을 통해 이처럼 분명하게 확증해 주심을 감사드립니다."

아프리카에 뱀잡이 수리라는 새가 있다. 학처럼 생기고 몸길이가 1~1.5미터 되는 수리 과에 속하는 이 새에게는 이상한 특징이 있다. 날개를 펴고 충분히 날 수 있는 능력이 있음에도 불구하고 주로 땅 위를 걸어 다닌다. 사냥꾼이 찾아오거나 맹수들이 달려들 때 날개를 펴서 날기만 하면 곤경을 벗어날 수 있는데도 그냥 걸어 다니다 잡혀 죽는 일이 많다.

그러다가 날아야 할 필요가 없는 순간에는 무의미하게 하늘을 날았다가 다시 내려온다. 이런 특성 때문에 뱀잡이 수리는 쉽게 사냥꾼의 먹잇감이 되고 만다.

뱀잡이 수리 같은 인생이 되지 않으려면 오늘부터 하나님의 손길을 관찰하며 대세를 파악해야 한다. 가정에서 하나님의 움직이심을 파악하라. 사업장에서 그분의 손길의 흐름을 파악하라. 교회에서, 학교에서, 선교사역을 통해 하나님의 대세를 파악하라.

내가 통역강사로 십여 년간 활동한 것도 대세의 흐름을 파악한 결과였다. 어느 날 나에게 수동기도원 통역이라는 환경이 열렸다. 그때 나는 하나님께서 나를 통역강사로 부르심을 감지했다. 그래서 통역사역을 시작했다. 대형집회를 비롯해서 다양한 교회, 기도원, 회관, 예식장에 이르기까지 통역강사로 사역하느라 국토순례도 많이 했다.

그러던 어느 날 내 인생의 대세의 흐름은 이제 통역강사를 마무리하는 것임을 또 감지했다. 그래서 미련 없이 접었다. 매년 정기적으로 초청하던 해외강사들에게도 내 사역의 패턴이 바뀌었음을 알렸다. 적잖이 놀라는 분들도 있었다. 그 후 나는 인생 대세의 흐름을 따라 단독강사로 새 출발했고 무엇보다 세계 선교사역을 본격화하기 시작했다.

돌아보면 그때그때 제대로 방향설정을 했던 것 같다. 통역강사로 특히 대형무대에 많이 서 본 것도 큰 추억이었고 남들과는 색다른 의상으로 드레스에 장갑에 때로는 왕관까지 써 봤던 것도 비교적 젊은 시절 할 수 있는 영화의 한 장면 연출이 아니었나 한다.

지난 날 통역사역자로 몸담았던 시절도 좋은 선택이었고 통역사역자의 자리에서 자진 은퇴한 것도 더없이 좋은 선택이었다. 대세의 흐름을 잘 파악했다는 생각에 지금도 마음이 홀가분하다.

당신의 인생, 지금 흐르는 대세의 흐름을 간파하라. 그래서 그 줄에 서라. 그러면 라합처럼 대세파악의 거장이 얻어내는 옐로우 인생에로의 색체변환이 가능해진다.

2. 결단했으면 모험하라

라합은 이스라엘 편에 서기로 결단한 후 정탐꾼을 살려주는 모험을 감행한다. "여리고 왕이 라합에게 사람을 보내어 이르되 네게로 와서 네집에 들어간 그 사람들을 끌어내라 그들은 이 온 땅을 정탐하러 왔느니라 그 여인이 그 두 사람을 이미 숨긴지라 이르되 과연 그 사람들이 내게 왔었으나 그들이 어디에서 왔는지 나는 알지 못하였고" 여호수아 2:3-4

라합은 이미 정탐군을 지붕 위에 펼쳐놓은 삼대 속에 숨겨놓았다. 당시 지붕은 평평했고 그 위에 펼쳐놓은 삼줄기는 약 1미터 길이였다.

이 속에 두 정탐꾼을 숨긴 라합은 이들을 확실하게 숨겨주기 위해 왕의 군사를 다른 길로 유인까지 했다. "그 사람들이 어두워 성문을 닫을 때쯤 되어 나갔으니 어디로 갔는지 내가 알지 못하나 급히 따라가라 그리

하면 그들을 따라잡으리라" 여호수아 2:5

이 스토리가 이미 지난 일이니까 우리는 안심하고 편안히 읽겠지만 당시 라합에게는 매우 위험한 모험이었다. 만일 군사들이 가택수색을 해서 샅샅이 찾다가 발각이라도 된다면 어찌 되겠는가? 그 자리에서 죽음을 당할지 모르는 위기상황이었다.

생각해보라. 적군의 정탐꾼을 숨겨주고 거기에 거짓말까지 한 것이 아닌가? 간첩을 끝까지 숨겼다가 수사기관에 발각되는 것과 같은 상황이 아니겠는가? 하지만 라합은 결단한 이상 모험도 불사했다.

혹자는 라합의 거짓말에 초점을 맞추면서 고민에 휩싸인다. "하나님은 진실하신 분인데 왜 라합의 거짓말이 용인되는 것일까?"

예를 들어보자. 중국 선교를 하는 중에 불시에 공안이 찾아왔다. 대문을 쾅쾅 두드린다. 그리고 묻는다. "목사가 이 집에 숨어있습니까?" 당신이 집주인이라면 뭐라고 대답해야 하는가? 없다고 해야 한다.

여기서 잠깐 생각할 일이 있다. 진실은 이실직고와는 차이가 있다는 점이다. 이실직고를 진실과 동일시하는 것은 유아기적인 발상에 지나지 않는다. 아이들은 그대로 이야기한다. "어제 우리 엄마와 아빠가 싸웠는데요..."부터 시작해서 당시 일어난 일을 적나라하게 설명한다.

하지만 성인이 되면서 이실직고가 매순간 필요한 것이 아님을 안다. 그리고 우리는 알고 있다. 참된 진실은 하나님의 정의가 실현되는 편에 서는 것이라는 사실을... 그렇다고 이런 극단적인 예를 평소 삶에 적용해서 매번 거짓말을 한다면 하나님의 정의가 과연 실현되겠는가?

라합이 모험을 한 이유는 무엇인가? 그 속에 담긴 가치를 알았기 때문이다. 여기서 우리는 두 가지를 명심해야 한다.

1 모험은 반드시 가치를 발견하고 나서 해야 한다는 점이다

사업에 투자할 때도 가치를 먼저 발견하고 나서 투자하라. 아무 곳에나 투자하면 돈만 날린다. 사람에게 투자할 때도 그의 가능성을 보고 투자하라.

나의 투자로 인해 그가 더 성장하고 발전할 것인지, 투자자의 은혜를 알 만한 사람인지... 등등을 타진해 본 후에 투자해도 늦지 않다. 무위도식하며 빈둥거리는 사람에게 투자를 하면 그도 망치고 나도 뒷바라지 하느라 골병만 든다.

2 가치를 발견했으면 모험을 시도해야 한다는 점이다

가치를 발견하고도 아무 것도 하지 않으면 기회는 날아가 버린다. 물론 모험은 100% 성공률을 보장하는 것은 아니다. 그렇다면 모험이라 부르지도 않는다. 모험은 시작할 때는 가능성이 50대 50이든지 그 이하이다. 하지만 성공하고 나면 결과는 100% 이상이다.

라합은 모험 후 어떤 결과를 얻었는가? 자기 목숨을 건졌다. 가족 목숨까지 살렸다. 소득은 여기서 그치지 않는다. 이방 여인, 그것도 기생의 신분으로 하나님의 선민 이스라엘의 일원이 되기까지 했다.

당시 두 정탐꾼 중 하나인 살몬이 라합과 결혼한다.

사람의 만남은 이처럼 상상을 초월하는 부분이 있다. 라합이 이스라엘 장군과 결혼하게 될 줄 누가 알았을까? 여리고성이 무너지면서 다 손해보고 다 망하고 다 죽었는데 라합만은 그 와중에 새 인생을 열게 될지 누가 알았는가?

환경이 문제가 아니다. "그 환경이 내게 어떻게 작용하는가?"가 문제일 뿐이다.

라합은 이로 인해 예수 그리스도의 족보에 오르는 여인이 되었다. 마태복음 1장 5-6절은 라합이 예수 그리스도의 족보에 이렇게 당당히 올랐음을 증명하는 호적등본을 제시하고 있다. "살몬은 라합에게서 보아스를 낳고 보아스는 룻에게서 오벳을 낳고 오벳은 이새를 낳고 이새는 다윗왕을 낳으니라"

눈여겨 볼 것이 있다. 족보에는 보통 남성들의 이름만이 오르는데 특별한 경우에는 여성 이름까지 오른다. 이렇게 이름이 오르는 여성들을 보면 모두 모험을 한 여성들이었다.

룻을 보라. 시어머니 나오미를 따라 생면부지인 하나님의 백성 가운데로 가기로 결단한다.

다말은 어떤가? 유다가문에서 쫓겨났으나 굴하지 않고 그 가문의 계보를 잇기 위해 시아버지와 동침하는 모험을 했다. 모험치고는 희한한 모험이다. 모험에는 별의별 모험도 다 있는 것 같다.

당신에게 적합한 모험을 하라. 나에게 맞는 모험, 하나님이 기뻐하시는 모험을 함으로 획기적인 변화와 발전으로 인생을 뒤덮기 바란다.

3. 거래조항을 분명히 하라

라합이 어떻게 거래를 마무리 했는지 보자. 두 정탐꾼은 내일 아침 날이 새면 떠난다. 그들이 가기 전에 라합 입장에서 급히 할 일은 거래조항을 만드는 것이었다. 그래서 그들이 잠들기 전에 지붕으로 올라갔다.

지붕에 올라간 라합은 이 두 정탐꾼에게 어떤 거래명세서를 제시했을까? 3가지 특징을 담은 거래명세서를 제시했다.

1 상호관계성을 분명히 했다

"내가 너희를 선대하였은즉 너희도 내 아버지의 집을 선대하도록 하라" 여호수아 2:12 는 말로 돕고 돕는 관계성을 분명히 했다. 라합처럼 아버지 집을 자신과 동일시하는 것은 고대 근동의 사고방식이었다. 쉽게 말하면 나도 너 도와줬으니 너도 나 도와달라는 거래이다.

인생은 주고받는 쌍방통행이다. 예를 들어 보자. 내가 누구를 만날 때마다 인사를 하는데 그는 내 인사에 대꾸도 없이 지나간다. 혹은 나만 매번 인사를 하고 그는 고개를 끄덕하는 정도로 받기만 한다. 그렇다면 계속 인사를 하고 싶은 생각이 있겠는가? 특별한 사정이 있는 경우를 제외하고는 서로간의 인사는 끊어진다.

사랑도 마찬가지이다. 한쪽에서만 계속하는 짝사랑이 평생 지속되는 것은 예외는 있겠지만 보편적으로 흔한 일은 아니다. 잘못하면 스토커Stoker가 된다. 무엇을 하든 일방적으로 계속하는 것은 한계가 있다.

이것은 대인관계에서 지켜야 할 철칙이기도 하다. 즉, 남에게 받기만 해서는 안 된다는 것이다. 그 사람이 내게 무엇을 주면 나도 줘야 한다. 신세만 지는 사람은 오래가지 못한다. 오래간다 해도 경우 없는 사람이 된다.

나는 사역의 중간다리 역할을 해 주는 분이 계시면 가급적 인사를 하는 편이다. 베드로가 고넬료의 집을 방문했을 때는 하나님께서 친히 환상을 보여주시고 말씀하셨지만 하나님께서는 그보다 더 선호하시는 방법으로 사람을 통해서 일을 이루시는 경우가 대부분이다.

그래서 방송출연이나 어떤 모임의 강사로 초청을 받은 후에는 감사하는 마음으로 나를 주최측에 소개해준 분께 식사를 대접하고 작은 선물을 하려고 애쓴다. 그것이 그분의 시간과 정성에 대해 갖추어야 할 합당한 예의라고 생각하기 때문이다.

모 방송 출연 후 중간역할을 해주신 분께 감사하기 위해 식사 자리를 마련하고 어떤 선물이 적합할까 생각하다가 기초화장품을 선물한 적이 있었다.

그랬더니 그분 말씀이 엊그제 그 화장품을 사려고 백화점을 다니다가 '세일하면 사야지' 하면서 집에 돌아왔다는 것이다. 그러면서 꼭 필요한 선물을 받았다고 기뻐했다.

그 모습을 보면서 역시 이런 경우 선물을 하는 것이 주님의 뜻이라는 생각마저 한 적이 있다.

무작정 받기만 하지 말고 무작정 주기만 하지도 말라. 이것이 두가지 욕먹는 처신법이다. 무작정 받기만 하면 인색한 사람으로 욕먹는다. 한편, 무작정 주기만 하다가 어느 날 안 주면 왜 안주냐고 욕먹는다.

그러므로 언제나 받기만 하는 사람으로 낙인찍히지 말고, 의례 주기만 하는 사람으로도 낙인찍히지 말라. 적정선에서 받고 적정선에서 줌으로 상호관계성을 명쾌히 하는 인간관계를 열어가라. 그러면 원만하고 효율적인 인간관계를 지속할 수 있다.

② 보장성을 확보받았다

라합은 정탐군에게 이런 요구를 했다. "여호와로 내게 맹세하고 내게 증표를 내라" 여호수아 2:12 증표는 진실한 표, 확실한 표sure sign, true token, pledge of truth라고도 번역되어 있다. 쉽게 말하면 "믿을만한 표를 달라"는 것이다.

당시 라합이 처한 상황에서는 여호와의 이름으로 맹세하는 자체를 말한다. 이들에게 여호와의 이름으로 맹세하는 것 이상 확실한 증표는 없었다. 구두로 하는 언약 자체가 하나님의 입회하에서 한다고 생각했기 때문이었다.

라합은 이 일을 언제 했는가? 정탐꾼이 아직 자기와 함께 있을 때 했다. 즉, 라합이 마음만 먹으면 어제든지 신고할 수 있을 때 했다. 정탐꾼들이 한 말을 보면 알 수 있다. "그 사람들이 그에게 이르되 네가 우리의 이 일을 누설하지 아니하면 우리의 목숨으로 너희를 대신할 것이요 여호와께서 우리에게 이 땅을 주실 때에는 인자하고 진실하게 너를 대우하리라" 여호수아 2:14 아직은 라합이 이 일을 누설할 수도 있는 결정권이 있는 입장이다. 라합은 이때 거래의 보장성을 받았다. 거래의 보장성은 이처럼 늦기 전에 받아야 한다.

쉬운 예를 들어보자. 일이 끝나기 전에 잔금을 다 주지 않는 것이 속 편하다.

언젠가 모 일간 신문에 광고를 낸 적이 있다. 광고 후 기획기사를 같이 내 주겠다는 구두 약속이 있었다. 일단 광고가 나온 날 광고비 절반을 먼저 송금했다. 그리고 덧붙였다. "기사가 나온 후 나머지를 송금하겠습니다." 그랬더니 기사가 신속히 나왔다.

아직 한 가지 약속이 더 남았다. 광고내용을 일러스트레이터 파일로 보내준다 하면서 차일피일 미루어진 건이었다. 그것도 기다리고 있는데 받는대로 송금하겠다고 했다. 그러자 10분 안에 파일이 전송되었다. 얼마나 손쉽고 깔끔한 거래 마무리였는지 모른다.

❸ 상대의 재량권 내에서 요구조건을 조금 더 넓혔다

라합은 정탐꾼에게 또 이렇게 요구했다. "그리고 나의 부모와 나의 남녀 형제와 그들에게 속한 모든 사람을 살려 주어 우리 목숨을 죽음에서 건져내라" 여호수아 2:13 혼자만 살면 되지 않는가? 그런데 라합은 그 범위를 가족과 일가친척까지 확대했다. 정탐꾼들이 자기를 살려줄 재량권을 가졌다면 일가친척까지 한꺼번에 살리는 것도 문제없으리라는 사실을 알았기 때문이다. 그래서 거래 범위를 좀 더 넓혔던 것이다.

지난 번 책 "뛰는 인생, 죽는 인생" 출판 건을 논의할 때 담당자가 국민일보에 5단 통 광고를 몇 번 내주겠다고 제안했다. 그때 나는 특집기사도 내 달라고 요청했다. 그의 재량이라면 특집기사는 얼마든지 내 줄 수 있다고 판단했기 때문이다. 그리고 그 요청은 흔쾌히 수락되어 광고도 나가고 기사도 나갔다. 지금 생각해도 요구를 잘 했다는 마음이 든다.

여기까지 거래조항을 분명히 한 라합은 마침내 정탐꾼을 줄에 달아내려 안전하게 귀가 조치해 준다. "라합이 그들을 창문에서 줄로 달아내리니 그의 집이 성벽 위에 있으므로 그가 성벽 위에 거주하였음이라" 여호수아 2:15 라합처럼 인간관계에서 말끔히 거래하라. 그리고 더 중요하게는 하나님과 제대로 거래하라. 하나님과의 거래는 당신 인생 전체를 투자하는 것이다.

라합은 인생을 하나님께 걸기 원했다. 그런 라합이었기 때문에 하나님은 두 정탐꾼을 하필이면 라합의 집에 보내셨다. 이런 마음으로 그렇게 하셨을 것이다.

"라합아, 네 인생을 옐로우 페인팅 하고 팔자를 고쳐라. 여리고 원주민이 다 죽어도 넌 죽지 말고 네 가족도 건지고 멋진 남자와 결혼해서 이스라엘 선민으로 살아라. 너를 통해 예수 그리스도가 탄생하도록 할 것이다." 엄청난 하나님의 계획이 이처럼 하나님과 제대로 거래하는 라합을 위해 준비되어 있었다.

하나님은 당신의 인생을 이제부터 옐로우 페인팅하기 원하신다. 나이가 많은가? 상황이 어려운가? 경기가 안 좋은가? 그러니까 옐로우 페인팅이 필요하다. 그럴수록 옐로우 페인팅 해야 한다. 어느 기업인은 아예 명함 자체를 옐로우로 만들어가지고 나눠주는 것을 보았다. 그래서인지 어쩐지 그분의 사업은 나날이 번창해 가는 것 같기도 했다.^^

오늘부터 인생을 옐로우 페인팅 하기 시작하면 브러쉬의 사이즈가 바뀐다. 작은 붓으로 옐로우 페인팅을 시작했는데 하다 보니 어느 새 브러쉬가 확 커져서 옐로우 페인팅 하는 손길에 가속도가 붙는다. 인생의 스케일이 달라진다. 자, 어서 당신 앞에 와 있는 기회의 문을 열고 들어가라. 아니, 그 문을 박차고 들어가라.

하워드 슐츠는 스타벅스에서 마케팅을 담당하던 중 이태리 여행을 하게 되었다. 은은하고 매혹적인 커피 향에 사로잡힌 그는 이태리 커피를 미국으로 수입할 계획을 세웠다. 하지만 회사에서는 그의 생각을 일언지하에 거절했다.

그때 그의 마음속에는 이런 말이 떠올랐다. "지금 잡지 않는다면 이 기회는 영영 지나가고 말 것이다. 현재 편안한 위치 때문에 모험을 하지 않는다면 내 인생은 달라지지 않는다."

그는 직장을 떠나 이태리식 커피 전문점 "일 지오날레"를 개업했고 5년 만에 75개 사업장을 둔 CEO가 되었다. 그 후 경영난에 빠진 스타벅스마저 인수해서 10년 만에 2,000개 매장을 가진 최고의 커피 회사가 되었다. 현실에 안주하지 않고 과감한 모험을 시도한 결과였다.

콜럼부스는 신대륙 탐험을 시작할 당시 열악한 환경에서 모험을 감행해야 할 입장이었다. 그가 항해를 시작한 1492년은 유럽 남부의 지진과 페스트, 콜라라가 번짐으로 인구의 3분의 1이 사망했다. 모두가 절망하고 죽음의 공포에 빠져 있을 때 그는 새로운 세계를 향한 탐험의 첫발을 내디뎠다.

당시 대서양 끝 리스본 항구에는 이런 푯말이 붙어 있었다. "여기가 끝이다. 더 이상은 아무것도 없다."

하지만 콜럼부스는 이렇게 말했다.

"저 너머에는 새로운 세상이 있다. 그곳은 지금보다 더욱 더 살기 좋은 곳이다." 이처럼 희망에 찬 모험은 성공했고 그 결과 오늘날의 아메리카 대륙이 존재하게 되었다.

주변을 둘러보라. 기회의 문이 있는가? 그 문이 아직 닫혀 있어서 망설이는가? 바로 그것이다. 문이 닫혀 있는 이유는 당신이 그 문을 박차고 들어가기를 기다리고 있기 때문이다. 기회, 그 문을 박차고 들어가라! 그러면 지옥처럼 어두운 인생이었다 해도 천국의 황금길 같은 옐로우 인생으로 변할 수 있다.

라합도 했다면 당신이 못할 이유가 무엇인가? If she could do it, why you not?

맞다! 그녀가 했을진대 당신이라고 왜 못하겠는가?

더구나 당신은 상위 1%를 꿈꾸는 인생이라면서!

F.I.R.S.T.C.**L**.A.S.S

처세

Life Conducting

곪기도 전에 긁어
부스럼 내지마라

7

곪기도 전에 긁어 부스럼 내지마라

장자(莊子)의 "도척" 편에 나오는 일화이다. 공자의 친구 유하계에게 도척이라는 동생이 있었다. 그는 천하의 큰 도적으로 9천 명의 졸개를 거느리고 온갖 잔인하고 포악한 짓을 행하는 사람이었다. 그가 지나가면 큰 나라에서는 성을 지키고 작은 나라에서는 난을 피하는 형편이었다.

공자는 도척이 있다는 사실이 유하계의 수치일 뿐 아니라 인의와 도덕을 가르치는 자신에게도 큰 수치라고 생각하여 그를 설득하러 찾아갔다.

공자가 만나기를 청하자 도척은 공자의 위선을 비웃으며 만나기를 거절했다.

공자가 재삼 간청을 하고서야 만남을 허락한 도척은 공자를 보고 눈을 부릅뜨면서 이렇게 말했다. "네가 말하는 것이 내 뜻에 맞으면 살아남을 것이고 그렇지 않으면 죽음을 당할 줄 알아라." 공자는 도척의 기세에 눌려 한껏 도척을 칭찬했지만 도척은 그러한 공자가 비굴하다며 칼자루를 만지며 꾸짖었다.

놀란 공자는 설득은커녕 목숨마저 위태로워져서 걸음아 날 살려라 하며 그곳을 빠져나왔다. 수레에 올랐지만 세 번이나 고삐를 잡으려다 놓치고 눈은 멍하여 보이지도 않았으며 얼굴은 잿빛이 되어 수레에 엎드린 채 숨도 제대로 쉬지 못했다.

며칠 후 공자는 노(魯)나라 동문 밖에서 유하계를 만났다. 유하계가 물었다. "거마(車馬)를 보니 여행을 갔다온 모양인데 혹 도척을 만나고 온 것은 아닌가?" 공자는 하늘을 우러러 탄식하면서 말했다. "맞네. 내가 호랑이에게 달려가 머리를 쓰다듬고 수염을 가지고 놀다가 하마터면 그 주둥이를 벗어나지 못할 뻔 했네." 공자는 공연히 긁어 부스럼을 내다가 봉변을 당할 뻔 한 자신을 크게 뉘우쳤다고 한다.

우리는 예수님의 삶을 보면서 쓸데없이 긁어 부스럼을 내시지 않는 모습을 발견한다. 이러한 예수님의 인생철학은 마지막 십자가에 달리는 순간까지 이어졌다.

3년 반 동안 가르치고 뒷바라지해 준 제자로부터 배신을 당하고, 죄 없이 체포를 당해 온갖 멸시와 수모를 겪은 후, 인간으로서는 견디기 힘든 십자가를 지시는 그 순간까지 예수님은 시종일관 품위를 잃지 않으셨다. 그리고 하나님의 작정하신 시간카이로스이 오기 전에 서둘러 일을 그르치지도 않으셨다. 이것이 누구보다도 "퍼스트 클래스"로 사셨던 예수님, 그래서 최고의 강자요 최후의 승리자가 되신 그분의 저력이었다.

누구를 향해, 무엇을 향해, 예수님은 "긁어 부스럼 내지 않는 처신"을 하셨을까? 예수님 생애 가운데 가장 어려웠던 수난주간에 보여주신 주님의 품위를 조명해 봄으로 "상위 1% 인생"을 준비하기 위한 지혜로운 처세법을 배우기로 하자.

I. 제자들을 향해

제자들과 마지막 유월절 식사(최후의 만찬)를 마치신 예수님은 그들과 함께 감람산으로 가신다. 거기서 잡혀서 심문받으시고 다음날 십자가에 달리시기 위해서였다. 예수님은 겟세마네 동산에서 먼저 기도하기 시작하신다.

이 동산은 감람나무가 우거진 감람산 기슭에 있으며 예루살렘 동쪽 벽에서 약 1.1km 떨어진 곳이다.

"겟세마네"라는 지명은 "기름 짜는 틀oil press"이라는 뜻인데 그곳에서 감람기름을 짰기 때문에 붙여진 이름이었다. 조용하고 한적한 곳이어서 예수님과 제자들이 자주 들른 곳이기도 하다. 감람기름을 짜는 곳에서 말 그대로 예수님은 피와 같은 땀을 짜시면서 기도하셨다.

제자들에게 기도하기를 명하신 후, 세 제자인 베드로, 야고보, 요한은 좀 더 가까운 곳으로 데리고 가셔서 기도하게 하시고 예수님은 그들로부터 조금 더 떨어진 곳에 가셔서 기도하셨다.

과거 삼각산으로 산기도 다닐 때가 생각난다. 함께 올라간 사람들 각자는 자기 자리를 잡았다. 나는 주로 능력봉이라고 일컫는 맨 꼭대기로 올라가서 자칫하면 떨어질 것 같은 바위 정상에서 기도했다.

잘 해야 다섯 명 정도 올라와서 방석을 깔고 기도하던 곳이었다. 왠지 거기서 기도하면 하늘이 가까워 기도가 더 빨리 응답될 것 같은 신비한 느낌마저 가진 채 자리 쟁탈전에 열을 올렸던 기억이 난다.

예수님께서 잠시 후 와 보시니 제자들이 쿨쿨 자고 있는 것이다. 대표로 베드로를 부르신 주님은 잠시 동안도 깨어서 스승의 고뇌에 동참하지 못하는 그들의 모습을 안타깝게 여기셨다. "너희가 나와 함께 한 시간도 이렇게 깨어 있을 수 없더냐" 마태복음 26:40

두 번째 오셨을 때도 그들은 역시 자고 있었다. 세 번째 오셨을 때는 "이제는 자고 쉬라"고 하셨다. "또 그들을 두시고 나아가 세 번째 같은 말씀으로 기도하신 후 이에 제자들에게 오사 이르시되 이제는 자고 쉬라 보라 때가 가까이 왔으니 인자가 죄인의 손에 팔리느니라" 마태복음 26:44-45

이때 예수님 심정이 어떠셨을까? 얼마나 답답하셨을까? 3년 반이나 밥 먹이면서 공부 가르친 제자가 스승이 죽음을 눈앞에 두고 피땀을 흘리며 기도를 하는데 잠만 쿨쿨 자고 있으니 말이다.

예수님은 본인의 죽음에 관해 제자들에게 여러 번 말씀하셨다. "향유는 내 장례를 준비하기 위해 부은 것이다." "너희 중에 하나가 나를 팔 것이고 너희는 다 나를 버리고 도망할 것이다." "내가 다시 살아난 후에 먼저 갈릴리로 가서 거기서 너희를 만날 것이다."

이 정도로 여러 차례 말씀하셨으면 평소 예수님 말씀의 정확성에 비추어 뭔가 깨닫는 바가 있어야 했다. 그런데 제자들은 사태의 심각성을 아는지 모르는지 이 비상시국에 기도는커녕 잠만 쿨쿨 자고 있는 것이다.

보통 스승 같았으면 열불이 났을 것이다. "이 자식들 지금 뭣들 하는 거야? 이게 다 누구를 위한 것인데? 나 혼자 살자고 하는 일이야? 너희들도 제자로 부름 받았으면 이 구원역사의 대장정에 뭔가 역할을 해야 할 것 아냐? 배운 것 없고 무식하다 했더니 역시 무식이 충만하구나. 내가 너희들을 믿고 여기까지 온 게 후회가 막심하도다."

실망을 잘 하는 성격이라면 이렇게 말할 수도 있다. "너희들 필요 없으니 다 꺼져버려. 어차피 이건 나 혼자 져야 할 사명이고 나 혼자만의 고난이야. 너희가 어찌 내 고난에 동참하랴?" 멸시가 담긴 시선으로 제자들을 바라보며 체념해버릴 수도 있다.

하지만 예수님은 결코 화내지 않으셨다. 다만 연민의 정을 가지고 말씀하셨다. "너희가 그렇게 영적 힘이 약하냐? 나와 같이 한 시간 기도할 영력이 안되냐?"

그리고 마지막 세 번째 기도하신 후에는 이제는 아예 편히 자고 쉬라고 하셨다. 그리고 "나는 이제 죄인들의 손에 잡혀 죽음의 길로 간다"라고 초연하게 덧붙이셨다.

제자양육에서 여유가 넘치는 모습이다. 지금 이 순간에 제자들을 나무라고 다그친들 무슨 소용이 있겠는가? 그렇다고 그들이 갑자기 변하겠는가? 없는 영성이 갑자기 생기겠는가? 기도능력이 순식간에 튀어 오르겠는가?

아니다. 어차피 사도행전에 들어가서 오순절 마가의 다락방에서 성령 충만을 받고 뒤집어진 후에 급변화가 올 것이다. 그러므로 예수님은 그 이전에 긁어 부스럼을 내지 않으시고 그때까지 기다리신 것이다.

제자를 기르는데도 시간이 필요하다. 하루아침에 다 변할 수 없다. 자녀를 기르는데도 시일이 필요하다. 철부지가 갑자기 성숙한 어른이 될 수 없다.

자녀 때문에 힘들어하는 부모들이 많다. 하지만 아이에게도 시간을 주도록 하라. 그가 성장통을 겪는다고 생각하라. "우리 애는 왜 맨날 저모양일까?" 탄식할 필요가 없다. 남의 집 애도 알고 보면 그 모양일 수 있다. 아니 그보다 더 심한 모양일 수도 있다. 아들딸이 성장하는 하나의 과정으로 받아들여라. "아무개가 크느라고 저러는구나" 하면서 격려하고 기도해주라.

어느 자매님은 남편의 신앙이 성장되지 않는다고 애타하는 모습을 보였다. 그러다 어느 날 깨달음이 왔다는 것이다. "나도 그 당시에는 힘들었는데 내 남편도 지금 그 힘든 과정을 겪고 있는 것이구나."

당신을 뒤따라오는 사람에게 조급하게 채찍질할 필요 없다. 피차가 힘들어질 뿐이다. 어차피 사람은 서서히 변하며 단계별로 변하기 때문에 세월이 필요하다. 별로 변하지 않는 것 같다가 어느 순간 좀 많이 변하고, 한동안 정체한 것 같다가 어느 순간 보면 또 많이 변해 있다. 깨달음이 와서 쑥 자라는 순간이 따로 있다. 그 때까지 물을 주고 비료를 주고 가꾸면 된다. 그러면 어느 날 확 자란 모습을 보인다.

오래 전 작은 화분에 토마토를 심은 적이 있다. 그런데 아무리 기다려도 토마토 열매가 생기지 않는 것이다. "에이, 난 안되나 보다. 그럼 그렇지, 화분에 토마토를 심는다고 그렇게 쉽게 나겠어?" 실망이 되어 거의 체념을 하고 조만간 화분을 치우려던 참이었다.

그런데 다음 날 아침 베란다에 나가 본 나는 내 눈을 의심하지 않을 수 없었다. 토마토 줄기에 앵두만한 아주 작은 토마토 열매가 달려있는 것이었다.

그 순간 나는 뛸 듯이 기뻤다. 그리고 내가 심은 토마토가 열매를 맺어주었다는 사실에 큰 보람을 느꼈다.

그렇게 달린 토마토는 며칠 동안 쑥쑥 자라더니 마침내 탱자만한 크기가 되어 나에게 기쁨과 보람을 주면서 내 입속으로 들어왔다.

토마토 열매가 달리지 않는다고 줄기를 화분에서 뽑아버리지 말라. 그것은 상처가 곪기 전에 긁어 부스럼을 내는 태도에 지나지 않는다. 조금만 더 기다려보라. 뜻밖에 열매가 달려 그간 기다려온 보람과 기쁨을 맛보게 될 것이다.

상담을 하다보면 피상담자가 알게 모르게 불쑥불쑥 성장하는 모습을 볼 때가 많다. 그간 상담의 결실이 맺히는 것을 보는 보람된 순간이다.

수년 동안 상담을 통한 케어를 해 주었던 한 자매는 최근 부쩍 성장된 모습을 보이면서 사역의 보람을 느끼게 해 주었다.

몇 년 전만 해도 현실감이 전혀 없이 공상의 세계에 속한 말을 많이 했다. 그 공상의 세계를 현실과 연결해서 인과관계를 정리하다보니 듣는 이로 하여금 납득이 어려운 말을 왕왕 했다. 현실감을 어느 정도 회복한 후에도 머릿속이 혼돈으로 가득 차 눈이 힘없이 풀린데다 피골이 상접한 것처럼 뼈만 앙상한 모습이었다. 저러다가 폐인이 되는 것은 아닌가 걱정스러웠다.

하지만 상담과 기도를 통해 그 자매는 조금씩 자신의 본 모습을 찾아가기 시작했다. 지금은 내면에서 들리는 소리가 어디서 오는 것인지를 분별할 만큼 정신이 새로워졌다.

일어선 듯 하다가 다시 주저앉고, 부드러운 마음으로 변화된 것 같다가 질풍노도처럼 폭발하며, 용기를 얻은 것 같다가 돌아서면 그 자리인 나날들이 지루하게 반복되었지만 이제는 제법 의젓한 모습이 되어 악한영의 속임수를 파악하고 맞서 싸우며, 하나님 나라의 위대한 자원이 되고자 각오하는 모습을 보면서 제자양육은 세월이 필요하다는 사실을 실감한다. 동시에, 그렇게 지나간 세월은 조만간 보람으로 돌아온다는 사실을 다시금 느끼게 된다.

예수님의 말귀를 잘 알아듣지 못하고, 서로 높은 자리를 차지하려고 다투며, 영적 세계를 육의 혈기로 맞서려고 했던 제자들...

우리 눈에 이처럼 답답해 보이는 제자들이었지만 예수님은 친절하게 앞으로 일어날 일을 알려주시고 다음 단계로 해야 할 일을 차분히 가르쳐주셨다. "일어나라 함께 가자 보라 나를 파는 자가 가까이 왔느니라" 마태복음 26:46 그들이 예수님 말귀를 알아들을 정도로 성장하는 순간까지 기다려주신 것이다.

이것이 리더의 기본기이다. 리더는 팔로워follower에게 역정을 내고 다그쳐서는 안 된다. 그렇게 되면 새싹이 자라기도 전에 뜨거운 태양에 타서 말라 죽어버리는 현상이 생긴다.

리더는 팔로워의 현실파악을 도와주고 행동지침을 알려주어야 한다. 그가 자녀이든 제자이든 후배이든... 지금 상황이 어떠한지와 그에 따라 해야 할 일이 무엇인지 알려주면 된다. 그러면 리더로서 할 일을 한 것이다.

또한 그것이 곪기 전에 긁어 부스럼내지 않음으로 상처를 덧나지 않고 말끔하게 치료하는 길이다.

2. 가룟 유다를 향해

가룟 유다야말로 예수님 눈에 가시와 같은 존재였을 것이다.

사역에 보탬이 되기는커녕 평소에도 돈궤를 맡고 돈이나 훔쳐가려고 눈이 벌건 사람이었다.

예수님이 잡히시던 그날 밤에도 적의 첩자 역할을 하면서 예수님을 팔아넘긴 사람이 바로 그였다. "말씀하실 때에 열둘 중의 하나인 유다가 왔는데 대제사장들과 백성의 장로들에게서 파송된 큰 무리가 칼과 몽치를 가지고 그와 함께 하였더라" 마태복음 26:47

가룟 유다는 예수님을 은 30냥을 받고 대제사장 무리에게 팔아넘겼고 그들은 칼과 방망이를 들고 예수님을 체포하러 겟세마네 동산에 올라왔다.

유다의 악함은 그의 간교함에서 절정에 이른다. 이렇게 예수님을 해코지 한 장본인인 유다가 예수님께 와서는 웃는 얼굴로 입을 맞추며 간사한 행동을 하는 모습을 보라. "예수를 파는 자가 그들에게 군호를 짜 이르되 내가 입맞추는 자가 그이니 그를 잡으라 한지라 곧 예수께 나아와 랍비여 안녕하시옵니까 하고 입을 맞추니 예수께서 이르시되 친구여 네가 무엇을 하려고 왔는지 행하라 하신대 이에 그들이 나아와 예수께 손을 대어

벌써 약속을 다 해놓고 와서 뻔뻔하게 예수님께 입을 맞추는 가룻 유다, 따귀를 갈겨도 분이 안 풀리는 인간인데 예수님은 그를 어떻게 대하셨는가? "친구여, 계획한 일을 수행하라"고 말씀하셨다. 타의 추종을 불허하는 예수님의 여유로운 인품이 아닐 수 없다.

나는 십자가의 고난을 참아내신 예수님의 영적 권능에 감탄을 금치 못한다. 하지만 가룻 유다를 데리고 3년 반 동안 다니신 예수님의 영성에는 더욱 더 탄복한다.

이놈을 볼 때마다 속에서 열이 치받지 않겠는가? "저놈이 조만간 나를 팔 것이다. 그런데도 내 상에서 밥을 먹고 내가 마련한 숙소에서 잠을 잔다? 괘씸한 놈… 게다가 때로 공금횡령까지 하는 도둑놈, 기회주의자, 위선자… 이놈을 어떻게 처단하면 잘 했다는 말을 들을까?" 나 같으면 충분히 이런 생각을 하고도 남았을 것이다.

또한 만일 예수님께서 가룻 유다의 비리와 속셈을 제자들에게 다 공개하셨다면 열한 제자가 힘을 합해서 그를 죽도록 두들겨 패고 단체에서 쫓아냈을 수도 있다. 특히 혈기 많은 베드로는 앞장서서 유다를 처단하려고 나섰을 것이다.

그런데 예수님은 왜 가룻 유다를 손보지 않으시고 그냥 방치해 두셨을까? 그를 미리 처단해 버렸다면 예수님을 팔아넘길 사람이 없었기 때문이다.

어디 가서 그런 사람을 쉽사리 구해오겠는가? 유다처럼 스승 중에 최고 스승인 예수님마저 배신하고 팔아넘길 인물을 어디서 손쉽게 구해올 수 있겠는가? 어려운 일이다. 가룟 유다는 하나님의 큰 드라마에서 필요한 배역임을 주님은 아셨다.

어느 화가가 고백한 글을 읽은 적이 있다. "예수님의 얼굴을 그리기 위해 모델을 찾는 일도 쉽지는 않았지만 가룟 유다의 얼굴을 그리기 위한 모델을 찾는 것은 백배나 더 어렵더군요."

당신 주변에 가룟 유다와 같은 간교한 사람이 있는가? 아서라, 아직 긁어 부스럼 내지 말라. 상처가 곪아 터질 때까지 그냥 내버려두라.

가룟 유다도 때가 이르자 목매어 자살하고 배창자가 터져 죽었다. "이 사람이 불의의 삯으로 밭을 사고 후에 몸이 곤두박질하여 배가 터져 창자가 다 흘러 나온지라" 사도행전 1:18

헬라어 원문은 문자적으로 이런 뜻이다. "이 사람은… 몸이 부풀어 오른 후 갑자기 터져버렸고 모든 내장기관이 밖으로 흘러나왔다."

가룟 유다는 목을 맨 후 떨어진 것이 아니라고 전승은 전한다.

성경학자인 호톤Horton은 신약시대에 목을 맨다는 개념은 밧줄을 사용하는 것이 아니며 날카로운 말뚝이 창자를 뚫도록 몸을 찌르는 행위였다고 설명한다. 이렇게 매달린 유다의 몸이 대기 중에 노출되고 몸 안의 박테리아가 활동하자 신체 중간 부분이 파열되고 "창자가 다 흘러나온" 것이었다. 상처가 곪다 못해 창자가 터져버린 지경에 이른 것이다. 그때까지만 기다리면 된다.

하만은 모르드개와 유다민족 전체를 몰살하려고 계획했다.
그래서 왕의 환심을 사고 유다민족을 말살할 날을 제비를 뽑아 길일로 정하기까지 했다. 모르드개를 매달기 위한 높은 장대도 준비했다.
하지만 아이러니하게도 그가 준비한 장대에는 모르드개가 아니라 하만 자신이 달리고 말았다. 그 때까지만 부스럼 내지 말고 기다리자. 하만이 스스로 장대를 준비할 때까지만...

오래전에 지방 어느 교회에서 "하만으로 하여금 장대를 준비하게 하라!"는 설교를 했더니 참석한 사업가 한 분이 오늘 큰 응답을 받았다며 지금 사업상 만나는 사람 중에 하만과 같은 자가 있어서 어떻게 할까 고민했는데 그가 장대를 만들기까지 기다리면 되겠다는 확신을 얻었다고 인사를 했다.

당신 주위에 있는 간교한 사람 때문에 골머리를 앓고 있는가? 그를 생각하기만 해도 위장이 뒤틀리는가? 심장이 벌렁거리는가? 그를 떠올리면 예수님을 팔아넘긴 가롯 유다의 모습이 동시에 오버랩 되는가? 그를 어떻게 대하고 어떤 식으로 말끔하게 처리하면 좋을까 고민되는가?

내게도 오래 전에 그런 사람이 있었다. 너무 위선적이라서 가까이 있다는 사실 자체만으로도 마음이 거북살스러울 때가 많았다. 겉으로는 번지르르한 매너에 표면적으로는 주변 사람들과 인간관계가 기가 막히게 좋았다.

하지만 그의 이면에는 온갖 권모술수와 약자를 짓밟는 이중성이 도사리고 있었다. 이런 모습은 남들의 눈에도 쉽게 포착되었다.

그를 생각하면 간교한 인간 처리방법이 몇 가지 머리에 떠오르기도 했다. 하지만 최종적인 한 가지 질문 앞에서 나는 멈추고 말았다. "이것이 진정 하나님의 방법인가?" "아니다"라는 내면의 음성이 크게 들려 왔다.

주님의 방법은 보다 손쉽고, 보다 자연스러운 흐름을 타며, 인위적으로 몸부림을 하지 않아도 된다는 특징이 있다. 다만 우리의 인내와 견딤을 일정기간 요구한다.

위의 사람도 하나님께서 직접 다루신 결과 훨씬 멋진 방법으로 마무리를 하셨다. 스스로 판 무덤에 자기가 빠져 그것이 백일하에 드러남으로 수치스러운 퇴직을 하고 말았던 것이다.

눈에 가시 같은 대적들, 처단하지 말고 그냥 내버려 두라. 때가 오면 알아서 정리된다. 그때까지 긁어 부스럼 내지 않기 위해서는 어떻게 하면 되는가?

신경을 안 쓰면 된다. 신경이 자꾸 쓰이는데 어떻게 하는가? 안 보는 게 상책이다. 안 듣는 게 상책이다. 시간과 심력이 백배나 절약된다.

부득이 늘 볼 수밖에 없는 상황이라면 머릿속으로라도 안보는 상황을 만들어라. 관심을 다른 곳으로 돌려라. 스스로를 세뇌시켜라.

"네가 그렇게 할 일이 없어서 그 사람에게 관심을 갖고 있니? 그는 네 관심을 받을 만큼 가치 있는 자가 아니야. 너는 그 사람에게 집착하기에는 너무 고귀한 존재야."

이런 습관이 잘 되면 공연히 불필요한 일에도 신경을 쓰지 않게 된다. 쓸데없이 인터넷 정보를 찾아보거나 알 필요도 없는 일을 알고자 하느라고 시간을 낭비하는 일이 없어진다. 인간의 뇌는 한 가지 일에 적응하면 다른 일에도 그 기능을 응용하는 것 같다.

"나는 지금 직진코스로 하나님께서 주신 사명성취를 향해 달려가고 있다"고 다짐하라. 그렇기 때문에 신경 쓸 필요가 없는 사람이나 대상에 눈길을 줄 시간이 없으며 그렇게 하지 않기로 결심하라.

그러면 어느 순간 뇌는 여기 맞추어 반응을 하게 된다. 즉 불필요한 대상을 향한 관심을 스스로 밀어내는 자정능력이 생긴다는 것이다.

대적은 생각보다 강하지 않다. 적이 내 생각보다 약함을 모를 때 싸움이 힘들어진다. 당신 안에 계신 성령님은 악한 원수들과는 비교할 수 없이 강하시다. 그분을 신뢰하면서 때를 기다려라.

상처가 곪아서 터지면 가룟 유다는 자연스레 당신 인생에서 사라져 버린다.

3. 하나님의 작정을 향해

군병들이 예수님을 체포하려고 할 때 베드로는 급히 칼을 빼어 무리 가운데 있던 대제사장의 종 말고의 귀를 내리쳤다. "예수와 함께 있던 자 중의 하나가 손을 펴 칼을 빼어 대제사장의 종을 쳐 그 귀를 떨어뜨리니" 마태복음 26:51

이때 예수님께서 베드로에게 무엇이라고 말씀하셨을까? "베드로야 네가 충성심이 대단하구나. 참 잘했다. 역시 너밖에 없다"고 하셨을까?

아니다. 마태복음 26장 52절에 예수님의 반응이 분명하게 나타나 있다. "이에 예수께서 이르시되 네 칼을 도로 칼집에 꽂으라 칼을 가지는 자는 다 칼로 망하느니라"

무슨 뜻인가? 칼을 사용하면 칼이 상대방도 해치지만 나도 망가뜨린다는 것이다. 내 칼이 상대방을 향해 나갔을 때 그의 칼이 나를 향해 저격해 올 수 있다. 아울러 나는 칼밖에 사용할 줄 모르는 사람으로 전락된다.

상담 공부를 하면서 이 사실을 발견했다. 내가 어떤 행동을 하면 그 행동과 관련된 영이 활동한다.

예를 들어 내가 상대방을 거절하면 당장은 거절 받는 상대방이 피해자가 된다. 하지만 그 순간 내 인생에 "거절의 영"이 틈탄다. 그래서 그 영이 나를 따라다니면서 조만간 나도 거절을 당하는 자리에 있게 만든다.

현재 내몽고지역에 해당하는 기로국 설화 중 고려장이라는 풍습이 있다. 늙고 병든 아버지를 산에 내다 버리기 위해 아들은 아버지를 지게에 싣고 간다. 산에 아버지를 내려놓고 지게도 버리고 오려고하자 손자가 말한다. "아버지 지게는 왜 버리고 가세요?" "이놈아 할아버지를 내려놓았는데 이 지게가 더 이상 뭐가 필요해?" 그러자 아들이 정색을 하며 대답한다. "아버지가 늙으면 제가 이 지게에 아버지를 싣고 와야 할 거 아니에요?"

베드로의 칼 사용을 막으신 예수님은 이어서 이렇게 말씀하셨다. "너는 내가 내 아버지께 구하여 지금 열두 군단 더 되는 천사를 보내시게 할 수 없는 줄로 아느냐 내가 만일 그렇게 하면 이런 일이 있으리라 한 성경이 어떻게 이루어지겠느냐 하시더라" 마태복음 26:53-54 성경말씀이 이루어지는 것은 하나님의 작정decree이 이루어짐을 의미한다. 하나님께서 만세 만대 전부터 예정하신 그 섭리가 이루어져야 함을 뜻한다.

예수님께서 체포되지 않으시려면 얼마든지 방법은 있다. 열두 군단 더 되는 천군천사를 대동해서 무리들을 싹 쫓아내면 된다. 한 군단은 6천~1만 명가량이니 열두 군단은 7만2천~12만이나 되는 천사로 계산된다. 예수님을 체포하려는 대적들이 이 천사들과 싸우면 누가 이기겠는가? 두 말할 필요 없이 예수님 편이 이긴다.

하지만 예수님은 그 방법을 사용하지 않으셨다. 왜냐하면 예수님의 십자가 사건은 구약에 이미 예언된 하나님의 계획이었기 때문이다. 열두 군단 더 되는 천사를 동원하면 당장은 후련하고 편리하겠지만 하나님의 뜻이 이뤄지지 않기 때문이다.

중요한 진리가 이것이다. 하나님께서 뜻을 이루고자 하시는 일에 인간적인 방법을 사용하지 말자. 하나님의 방법은 완벽하다. 이 모든 시련을 통해 하나님은 합력하여 선을 이루신다. "우리가 알거니와 하나님을 사랑하는 자 곧 그의 뜻대로 부르심을 입은 자들에게는 모든 것이 합력하여 선을 이루느니라" 로마서 8:28

그런데 만일 내가 여기서 인간의 방법을 사용해버리면 하나님은 그 뜻을 이루실 수 없다. 이것이 사탄이 원하는 바이다. 그래서 사탄은 우리에게 시련이 다가올 때 인간적인 방법과 편법을 사용하라고 충동한다.

오늘부터 이 부분에서 조심하자. 하나님께서 홀로 모든 일을 주관하시고 그분 뜻대로 하시도록 그 사이에 인간의 방법이라는 장애물을 두지 말자. 그러면 하나님은 인간의 생각을 초월하시는 놀라운 방법으로 일을 하신다.

우리는 이를 지켜보며 그 결과에 동참하며 기쁨을 누리면 된다. 하나님의 뜻이 이뤄지기 전에 먼저 긁어 부스럼을 내는 행위만큼 어리석은 일은 없다.

예수님은 아셨다. 하나님의 작정은 십자가를 지는 것임을... 그래서 묵묵히 그 길을 가셨다.

주님은 또 아셨다. 이것이 사탄을 궁극적으로 거꾸러뜨리는 차원 높은 승리의 길임을... 그래서 칼도 사용하지 않으시고, 열두 군단 더 되는 천사를 동원하지도 않으시고, 순순히 체포되어 법정으로 가셨다.

이처럼 하나님의 작정을 절대적으로 존중하는 예수님이 계셨기에 십자가를 통한 만인 구원의 문이 열려졌고 우리는 오늘날 그 구원의 큰 혜택을 누릴 수 있게 된 것이다.

꽃을 파는 할머니가 있었다. 얼굴에 주름이 많고 옷차림도 허름했다. 그러나 밝은 표정으로 주위 사람들을 즐겁게 해주고 있었다.

한번은 건물 주인이 할머니에게 물었다. "무슨 좋은 일이 있으시나 보네요. 표정이 항상 밝으셔서..."

그러자 할머니가 대답했다. "내 걱정을 트럭에 담으면 10대 분량도 더 될게요. 하지만 난 특별한 비결을 하나 갖고 있죠. 고통이 닥치면 예수님이 무덤에 계셨던 사흘을 생각하면서 사흘 동안 기다려요. 그러면 사흘 뒤에는 어김없이 새로운 해가 떠오르지요."

알렉산더는 왕자시절 친구로부터 잘 훈련된 사냥개 두 마리를 선물 받았다. 평소 사냥을 즐겼던 그는 선물을 받고 매우 기뻐했다. 그리고 며칠 후 그 사냥개들을 데리고 토끼사냥에 나섰다.

하지만 사냥개들은 눈앞에 도망가는 토끼를 보면서도 잡으려고 하질 않았다. 화가 난 알렉산더는 칼을 빼서 사냥개들의 목을 모조리 베어버렸다.

왕궁에 돌아온 그는 사냥개를 선물한 친구를 불러 화를 냈다.

"토끼도 한 마리 잡지 못하는 멍청한 사냥개들을 나한테 왜 선물한 거야!" 친구는 그의 말을 듣고 매우 실망스런 표정을 지으며 말했다.

"왕자님, 그 사냥개들은 토끼 따위를 잡자고 훈련시킨 개들이 아닙니다. 사자와 호랑이를 잡기 위해 오랜 시간 혹독한 훈련을 받은 명견들입니다. 그래서 토끼는 거들떠보지도 않았던 것입니다."

이 말을 들은 알렉산더는 사냥개의 진면목을 파악하지 못한 자신의 어리석음에 통탄을 금치 못했다고 한다.

조금만 기다리자. 그러면 일을 그르치지 않는다. 기다리기 어렵다고 생각될 때 예수님이 몸소 보이신 처세를 기억하자.

상처가 곪기도 전에 긁어 부스럼 내지 말고 완전히 곪아서 고름이 쭉 빠진 후 자연스럽게 새살이 돋게 하자.

그리고 이 과정을 통해 하나님의 작정이 이루어지도록 하자.

그러면 당신은 어느새 품격 있는 상위 1% 인생의 매너가 몸에 밴 자신을 발견하게 될 것이다.

F.I.R.S.T.C.L.**A**.S.S

염려
Anxiety

그건 손쉽게
처리하고

8

그건 손쉽게
처리하고

 한 그리스도인 사업가가 있었다. 사는 게 너무 힘이 들어 하루는 어떻게 할까 걱정하다가 기도하는 가운데 한 아이디어가 떠올랐다.

"수요 염려 상자"라는 박스를 만들어 놓고 염려거리가 생기면 종이에 적어두는 것이었다. 그리고 그 날까지는 염려를 하지 않는 것이었다. 대신 수요일만 되면 이 모든 염려를 모아서 한꺼번에 염려하기로 했다.

수요일이 되어 그는 상자를 열고 염려를 시작하려고 했는데 그 때 재미있는 사실을 하나 발견했다. 염려 상자에 넣어 놓았던 문제들 중 많은 내용이 이미 해결돼 있었다는 것이다. 자신은 어떤 노력도 하지 않았는데도 말이다.

노먼 빈센트 필 박사는 "쓸데없는 걱정"이라는 글에서 한 연구기관의 조사를 이렇게 인용한 적이 있다.

"우리가 걱정하는 것 중 절대로 발생하지 않을 사건이 40%이고, 이미 일어난 사건이 30%이며, 별로 신경 쓸 일이 아닌 작은 것에 대한 걱정이 22%요, 바꿀 수 없는 사건에 대한 걱정이 4%이다. 그러므로 정말 해결해야 하고 정말 걱정해야 할 일은 4%뿐이다."

그런데 사람들은 96%의 쓸데없는 걱정 때문에 기쁨도, 웃음도, 마음의 평화도 잃어버린 채 살아가고 있다.

당신은 습관적으로 걱정을 잘 하는 사람인가? 아니면 낙천적인 성격으로 웬만한 일은 걱정하지 않고 사는 편인가? 성경은 근심이 주는 해로움을 이렇게 말씀한다. "마음의 즐거움은 양약이라도 심령의 근심은 뼈를 마르게 하느니라" 잠언 17:22

오늘 당신의 가슴에 근심을 측정하는 청진기를 대 보자. 근심이 주는 쿵쾅거리는 울림이 크게 들리는가? 근심의 소리가 너무 커서 삶의 활력을 알려주는 심장박동 소리마저 묻혀버리는가? 근심이라는 체류탄 연기가 당신의 마음을 가득 채우고 있는가? 그래서 사는 것이 너무 무거운가? 그렇다면 이 근심을 어떻게 처리하면 좋단 말인가?

다음 3가지를 알면 근심을 손쉽게 처리하게 된다.

I. 인생의 한계를 알자

사람들이 착각하는 것 중 하나가 인간이 절대능력을 가졌을 것이라는 기대감이다. 그래서 인간은 마치 모든 것을 다 할 수 있는 존재인 것처럼 착각한다.

물론 인간은 구석기 시대부터 시작해서 수많은 업적을 이루어 온 것이 사실이다. 불을 발견하면서부터 일대 혁명이 다가오기 시작했고 산업혁명을 통해 가내 수공업이 공장에서의 산업으로 변모했다. 컴퓨터의 개발과 인터넷의 개통으로 세계는 한 울타리 안에서 정보를 제공하는 공동체가 되었다.

최근 인터넷과 스마트 폰을 통해 앉은 자리에서 원하는 것을 척척 손쉽게 얻고 알고자 하는 것을 쉽사리 파악하면서 살고 있다.

다른 피조물에 비해 인간은 정말 놀라운 일들을 해 낸 만물의 영장임에는 틀림없다.

바다 위에 수상 호텔을 세우기도 하고, 달에 로켓을 발사하기도 하고, 자기보다 훨씬 크고 힘센 짐승을 잡아 동물원에 가둬놓기도 하며, 훈련을 시켜 묘기를 부리게도 한다. 곁에서는 볼 수 없는 뇌와 장기 속을 훤히 들여다보며 그 움직임을 관찰하기도 한다.

인간은 말 그대로 "여러 가지"를 하며 산다. 예술작품을 만들기도 하고, 악기를 연주해서 심금을 울리는 멜로디를 내기도 하며, 자기 얼굴을 뜯어고쳐 완전히 다른 사람처럼 보이게도 한다. 어느 설교자가 이렇게 말하는 소리를 들었다. "아니, 어떤 자매님은 자기 눈꺼풀

위에 붙은 지방이 무겁다고 그걸 다 걷어내더군요... 참, 여러 가지 하면서 살아요."

그렇다면 인간은 모든 것을 원하는 대로 다 할 수 있는가?

절대 그렇지 않다. 생명을 영원히 연장할 수 없고 늙어가는 것을 막을 수 없다.

피트니스 샤워실에서 거울을 보며 이렇게 중얼거린 적이 있다. "나이가 들면 왜 미모가 사라질까? 안타깝네." 그러자 어떤 회원이 말했다. "너무 안타깝게 생각하지 말고 젊은이들에게 양보하세요."

양보하고 싶지 않아도 양보할 수밖에 없지 않은가? 이것이 나이든 사람의 한계일 테니...

누가복음 12장 25절에도 인간이 할 수 없는 일의 한 가지 예를 들고 있다. "또 너희 중에 누가 염려함으로 그 키를 한 자라도 더할 수 있느냐"

"한 자(페퀴스)"는 팔꿈치에서 손가락 끝까지 길이로 한 "규빗"이라고도 한다. 길이를 가리키기도 하고 시간을 가리키기도 한다.

그러므로 이 구절의 의미는 문자 그대로 "키를 한 자 크게 할 수 있는가?"라는 뜻이기도 하고 시간 개념으로 봐서 "생명을 조금이라도 연장할 수 있는가?"라는 뜻이기도 하다.

수년 전부터 키를 크게 하는 식품과 의료행위가 유행하지만 성장기 아이들의 키 크는 것을 도와주는 차원이지, 그렇다고 50센티 정도 키를 쑥 잡아 빼 주는 차원은 결코 아니다. 이처럼 인간은 자기 힘으로 다 할 수 없다는 한계를 지닌 피조물이다.

중요한 것은 우리가 이 한계를 인정할 줄 알아야 한다는 점이다. 이 한계를 받아들일 때 비로소 평안한 마음으로 인생을 살아갈 수 있기 때문이다. 어차피 내 힘으로 내 뜻대로 다 되는 것이 아니므로 그 부분에서 포기할 수 있어야 한다. 안 그러면 염려에 휩싸인다.

　염려는 집착에서 나오기 때문이다. 반드시 그렇게 되어야 한다는 집착 때문에, "그렇게 안 되면 어떻게 하지?"라는 염려가 생긴다. 바꾸어 말하면 그렇게 안 되었을 때 나타날 결과에 대한 염려가 생긴다는 것이다.

　그러므로 염려를 쉽게 극복하는 일차적인 처방은 "어떻게 되든 그것은 내 소관이 아니야"라고 생각하는 것이다. 그러면 마음이 편해진다. 어차피 내 힘으로는 할 수 없는 일인데 염려할 필요가 있겠는가? 아무리 염려해도 내 힘으로 손 쓸 수 있는 부분이 아니라면 염려하는 자체가 어리석지 않은가?

　이론은 백번 옳지만 마음이 뜻대로 잘 안 움직여지는가? 그것조차도 염려하지 마라. 불필요한 염려에서 벗어나고자 노력하는 당신을 지켜보시는 하나님이 계시기 때문이다.

　성령 하나님은 당신의 인생을 홀로 버려두지 않으시고 보혜사로 지키시고 인도하시며 도우신다. 그 성령님께서 염려에 습관적으로 젖어드는 당신의 내면을 한 단계씩 치료하실 것이다.

　미국을 처음 방문하던 시절 비자visa를 받으러 가던 날의 경험이 떠오른다. 다른 목회자들과 단체로 미국에 갈 계획을 세워놓은 상태였다. 마지막 준비는 미국 비자를 받는 일이었다. 미 대사관에 가기 전에 아침에 성전에서 기도를 하는데 몹시 염려가 되었다.

"오늘 반드시 인터뷰에 성공해서 비자를 받아야 한다. 안 그러면 미국에 못 간다. 이 팀을 이끌고 가야하는 내가 비자를 못 받으면 다른 사람들에게까지 피해가 갈 것이다. 상황이 이럴진대... 만일 못 받으면 어떻게 하지?" 이런 생각을 하는 동안 염려는 내게서 떠나지 않았다.

한참을 기도하던 중에 이런 마음이 들었다. "비자가 오늘 나오건 안 나오건 그것은 이미 결정 난 일이다. 그리고 하나님은 그 결과를 알고 계신다." 이렇게 생각하니 갑자기 염려할 이유가 사라지는 것 같았다.

비자가 이미 나오는 것으로 결정이 되어있다면 내가 염려 안 해도 비자가 나오니 염려할 필요가 없는 것이고, 비자가 안 나오는 것으로 결정이 되어있다면 역시 나오지도 않는 비자를 향해 공연히 염려할 필요가 없는 것이었다. 그 순간 염려라는 짐이 휙 날아가 버리는 것 같았다.

그래서 편안한 마음으로 대사관을 향했고 결과는 10년 비자가 순탄히 나오는 쪽으로 귀결 되었다. 염려를 벗어버리고 편안히 인터뷰에 응했기 때문에 일이 더 순조롭게 되었던 것 같다.

미래에 일어날 일에 관해 염려가 다가오는가? 앞으로 일어날 일이 과거에 이미 결정 난 일이라고 과기형으로 생각하면 된다.

자녀가 수능에 합격할까 떨어질까 염려가 되는가? 합격하든 불합격하든 이미 결정된 일이라고 생각하라. 단지 내가 모를 뿐이다.

내가 기대하는 쪽으로 결정이 되었다면 더 이상 염려할 필요가 없고 내가 원치 않는 쪽으로 결정되었다 하더라도 역시 부질없이 염려할 필요가 없다.

신경정신 질환으로 고생하는 사람들 중 많은 이들이 집착증세로 고통을 당한다. 어느 정신과 의사의 말을 들어보니 환자들이 포기를 못하는 것이 질병의 핵심이라는 것이다. 환자들은 무엇엔가 강하게 집착하고 있다. 애정의 대상이든, 추구하는 목표이든, 어떤 특정한 행동이든 그 집착의 정도가 정상인들보다 강하다.

그래서 이것이 편집증으로 나타나기도 하고 강박증이 되기도 하며 불안증의 증세를 보이기도 한다. 심하면 공황상태panic에 빠져 버린다. 밀려오는 불안을 더 이상 자아가 감당할 길이 없을 때 불안에 나를 굴복해버리는 상태가 공황발작으로 나타난다.

이 때 도움이 되는 해결책은 포기하는 것이다. 마음을 비울 수만 있다면 공황상태에서 보다 쉽게 벗어날 수 있다.

그럴 때 좋은 방법은 넓은 바다를 생각하는 것이다. 끝없이 펼쳐진 넓은 바다와 지평선 위로 펼쳐진 맑은 가을하늘, 그리고 백사장 비치beach에서 나 혼자 누워있는 모습을 상상해보라. 한결 마음이 개운해지면서 불안의 강도가 떨어진다.

그 넓은 망망대해와 하늘을 배경으로 누워있는 나는 지극히 작은 존재요, 내가 붙들고 있는 집착 또한 해변의 모래알갱이만큼이나 작은 것으로 축소되기 때문이다.

인생이 너무도 크다고 생각하면 집착이 생기고 불안이 생긴다. 하지만 우주 속에 떨어진 한 작은 씨앗과 같은 인간은 미약한 존재요 내 힘만으로는 한계를 지닌 피조물임을 깨달으면 집착의 속박에서 벗어나기 수월해진다.

성경은 인간 능력의 한계와 결부시켜 염려의 불필요성을 이렇게 말하고 있다. "그런즉 가장 작은 일도 하지 못하면서 어찌 다른 일들을 염려하느냐" 누가복음 12:26 "키를 한자 키우는 일도 못하면서 괜히 염려만 왜 하느냐?" "염려해도 소용없는데 왜 쓸데없이 염려만 하느냐?" "그 시간에 염려 말고 네가 진정 하고 싶은 일을 하라"는 뜻으로 다가온다.

어떤 집사님이 카톡으로 이런 문자를 보내왔다. "두 아이 육아문제, 시댁, 사업... 이 모든 것이 내 생각으로 해서는 답이 없다는 것을 깨닫는 순간부터 저의 삶은 평안과 감사의 기도로 바뀌었지요."

나는 이렇게 답장했다. "그런 경지까지 올라가셨다니 상당한 고수이십니다." 집사님은 자신의 삶이 지금 행복하다고 했다. 그럴 수밖에 없을 것이다. 행복이란 인간의 한계를 알고 어느 선에서 포기하는 사람에게 소리 없이 불어오는 산들바람일 테니까.

내가 모든 것을 다 해보겠다고 몸부림치지도 말고, 인생은 모두 내 뜻대로 진행되어야 한다고 집착하지도 말라. 어차피 그렇게는 안 되기 때문이다. 어차피 당신 뜻대로 안 되는 현실이니 이렇게 진심어린 충고를 해주고 싶다.

"그렇다면 최소한 불필요한 근심만이라도 하지 말아야 하잖을까?"라고...

2. 하나님의 관리능력을 인정하자

나의 한계를 인정하고 염려를 내려놓은 후에도 뭔가 불안한 구석이 없지는 않다. "그래도 결과가 좋아야 할 텐데...", "원치 않는 일이 발생하면 안 되는데..."라는 부분에서 말이다.

성경은 이 부분에서 하나님의 관리능력을 알려줌으로 염려에서 한 단계 더 벗어나도록 도와준다. 이 세상을 만드시고 관리하시는 하나님의 능력은 어디까지인가? "백합화를 생각하여 보라 실도 만들지 않고 짜지도 아니하느니라 그러나 내가 너희에게 말하노니 솔로몬의 모든 영광으로도 입은 것이 이 꽃 하나만큼 훌륭하지 못하였느니라" 누가복음 12:27

하나님께서 우주의 미물을 위해 일하시는 능력과, 인간이 이 세상 최고의 존재인 왕을 위해 하는 일을 이렇게 간단히 비교하고 있다.

여기 나온 들의 백합화는 터키산 백합, 글라디올러스, 붓꽃, 혹은 솔로몬이 입은 자색 옷과 같은 색인 아네모네일 것이라고 한다. 어쨌든 갈릴리에서 흔히 볼 수 있는 야생화로 들판에 무수히 피어서 사람들이 별 관심을 갖지 않는 한 송이 꽃에 불과하다.

그러한 존재에 대해서 하나님은 이렇게 아름다운 옷을 입히신다. 한편 솔로몬은 인간의 최고 자리인 왕의 자리에 있으니 패션 디자이너fashion designer가 얼마나 아름답게 옷을 지어 입혔겠는가?

그런데 이 두 가지를 비교해 보면 들의 백합화 쪽이 작품성이 뛰어나다는 사실이 놀랍다. 백합화는 어떤 디자이너도 만들어 낼 수 없는 자연미를 갖추고 있기 때문이다. 옷 자체에 생명력이 있다.

5월에 신록을 보면 감탄이 절로 나온다. 최근에는 대한민국이 전체적으로 아름다워졌다. 차를 타고 도로를 달리면 우리 국토가 얼마나 아름다운지를 새삼 확인한다. 특별히 바람에 살랑이는 나뭇잎을 보노라면 그 색깔에 절로 감탄하게 된다. 어떤 수채화 물감으로도 만들 수 없는 절묘한 색상의 옷을 입고 있다.

그리고 나뭇잎은 저마다 색상이 조금씩 다르다. 같은 그린green 계열이라도 청록에 가까운 잎이 있고 연두에 가까운 잎도 있다. 잎 새의 크기가 커지면서 색상도 선명한 그린으로 변하기도 한다.

무엇보다 자연에는 인공적으로 만들지 못하는 생명의 숨결이 내뿜어지고 있다.

왕의 옷이 들꽃과의 콘테스트contest에서 낙선을 했다면 평민의 옷은 일러 무삼하겠는가?

하나님의 작품성은 인간의 최고 수준을 압도한다. 그리고 하나님은 이런 들풀조차도 세심하게 관리해 주신다. "오늘 있다가 내일 아궁이에 던져지는 들풀도 하나님이 이렇게 입히시거든 하물며 너희일까보냐" 누가복음 12:28

들풀은 아궁이에 쉽게 던져지므로 사람들이 신경을 쓰지도 않는다. 잠시 살다가 이 땅에서 소멸하는 들풀도 이렇게 아름답게 입히시는 하나님의 관리능력이라면 하물며 인간에 대해서는 얼마나 더 큰 관심을 기울이시겠는가? 더욱이 그리스도의 피로 구속함 받고 하나님의 자녀가 된 당신과 같은 존재에 대해서는 말이다.

우리가 이러한 하나님의 관리능력을 제대로 안다면 염려에서 해방될 수 있다.

오래 전에 캐나다를 방문했을 때 나이아가라 폭포에 관광을 간 적이 있었다. 미국 쪽에서도 볼 수 있고 캐나다 쪽에서도 볼 수 있는 거대한 폭포는 그 광경이 실로 장엄했다.

처음에 폭포라는 이름을 들었을 때는 이름 그대로 물이 떨어지는 폭포 수준으로 생각했었다. 하지만 눈앞에 펼쳐진 광경은 내가 상상했던 폭포의 수준을 넘어서서 큰 둑의 포문을 열어놓아 물이 콸콸 쏟아지는 규모였다.

이처럼 쏟아지는 물줄기로 인해 공중에는 물보라가 일었고 오색찬란한 무지개까지 떠오르는 것을 보았다. 배를 타고 나이아가라를 유람하는 관광객들을 꼭대기에서 내려다보았을 때는 자그마한 성냥갑 같은 배에 눈에 잘 보이지도 않는 개미들이 타고 있는 정도였다.

나이아가라를 방문했던 당시 나는 나름의 인생문제를 안고 고통 가운데 있었다. 그런데 이 폭포를 방문하는 순간 큰 깨달음을 얻게 되었다. 바로 하나님의 관리능력에 관한 깨달음이었다.

나이아가라 폭포의 물줄기를 마음대로 주관하시는 하나님의 관리능력이라면 내 인생의 문제쯤은 너끈히 처리하실 것이라는 논리적인 믿음에서였다. 그리고 그때 있었던 인생문제가 지금은 말끔히 해결된 것도 사실이다.

당신의 문제는 평생 동안 지속되지 않는다. 지금의 문제는 지금 이 순간 당면한 문제일 뿐이다. 하지만 그것조차도 하나님의 전능하신 관리능력 안에 있는 문제일 뿐이다.

어린아이는 하루에 400~500번을 웃는다고 한다. 그런데 어른이 되면 이 웃음은 하루 15~20번으로 감소된다고 한다. 아니 어느 날은 단 한 번도 웃지 않고 지나는 날도 있다고 한다. 그 이유가 무엇일까? 온갖 근심 때문이다.

문제가 커 보이는가? 하나님의 관리능력은 그 문제보다 더 크심을 기억하라. 어떤 문제가 인생길을 가로막고 힘들게 한다 할지라도 우리는 그것을 비껴갈 수 있다. 하나님께 맡김으로 가능하다. 인생의 문제가 바위처럼 당신 앞을 가로 막을 때 몸을 던져 부딪침으로 무모한 투사정신을 발휘하지 말고 그 문제 자체를 하나님의 전능하신 손에 맡김으로 피해 가라.

일단 맡기면 하나님은 알아서 잘 처리해 주신다. 곧장 처리해 주실 때도 있고 시간이 조금 걸릴 때도 있다. 그러나 결론적으로는 알아서 처리해 주시고 좋은 결과를 주신다. "너희 아버지께서는 이런 것이 너희에게 있어야 할 것을 아시느니라" 누가복음 12:30

우리가 먹고 사는 것 염려 안 해도 주님은 이런 것이 우리에게 필요한 줄을 익히 아신다. 꼭 염려해야만 "그래, 너 이것이 필요 하구나"라고 아시는 것이 아니라 염려 안하고 주님 손에 턱하니 맡겨도 그것이 역시 필요한 줄을 아신다는 것이다.

몇 년 전 우리 교회에서 예언사역 집회를 할 때가 있었다.

외국인 부부사역자가 방문했다. 그 중 아내 C는 주 사역자였고 남편 D는 아내 밑에서 배우는 보조 사역자였다. 아내는 선지자 사역을 하는 다소 유명한 분이었고 남편은 얼마 전 아내와 재혼한 상태였다.

점심 식사를 대접 하던 중 우연히 이런 문제로 의견이 충돌되었다. D는 부부가 같이 사역을 할 때 교회사역이라면 반드시 남편이 담임이 되어야 한다는 것이었고 나는 그가 아내이든 남편이든 하나님께서 세우신 사람이 담임이 되어야 한다고 주장했다.

나의 강력한 주장은 D의 심기를 불편하게 했고 이어서 그의 아내인 주 강사 C마저 영향을 받게 되었다.

저녁 집회에는 C 혼자만 나타났다. 그리고 집회가 끝난 후 이렇게 말하는 것이었다. "지금 남편이 호텔에 있는데 속히 몹시 상해서 내게도 눈을 부릅뜨고 화를 내고 있어요. 어떻게 하면 좋을지 모르겠어요."

우리는 함께 D를 위해 기도했는데 C는 기도 중에 "하나님, D가 저에게 필요하다는 사실을 아시죠?"라는 말도 빼놓지 않았다.

우리는 기도하면서 이 문제를 무작정 하나님의 손에 맡기기로 했다. 그 결과 집회는 은혜롭게 잘 마쳐졌고 귀국하기 전 나는 D를 다른 소규모 그룹에 연결해서 그도 사역훈련을 할 수 있도록 해주었다. 며칠 후 부부사역자는 매우 행복해하면서 돌아갔고 나는 C의 기도처럼 필요한 D가 그녀의 곁을 지켜주며 귀국길에 오르는 모습을 보았다. 염려를 하나님께 맡겼더니 결과는 훌륭했다.

시카고에 있는 러쉬대학교 메디컬 센터에서는 65세 이상의 노인 1,064명을 대상으로 걱정 및 스트레스에 대한 반응을 조사한 후 3년~6년이 지난 시점에서 누가 알츠하이머병에 걸려 있는지를 조사했다.

그 결과 걱정이 많고 스트레스에 민감한 사람들일수록 노년기에 알츠하이머병에 걸릴 위험이 배 이상 높은 것으로 나타났다. 이것을 토대로 연구진은 노년에 건강한 삶을 위해서도 염려에서 벗어나는 연습을 잘 해야 할 것을 당부했다고 한다.

내가 애용하는 근심처리 방법 1호는 "어떤 식으로 결론이 나도 주님 뜻대로 될 것이니 받아들이자"라는 방법이다. 직접 해 본 결과

이 방법이 가장 마음을 편하게 하면서 손쉽게 근심에서 벗어나게 하는 방법이었다.

예를 들어, 누구와 갈등이 있다고 하자. 이 때 마음속에 '어쩌지? 만일 내게서 떠난다면? 나를 욕하고 매도하는 건 아닐까? 그 사람과 관계가 끊어지면 손해를 볼 텐데...' 등등의 생각을 하면 머리가 터진다. 그리고 타협하게 된다. 내가 먼저 고개를 숙이고 사정을 해야 할 상황인 것도 같다.

하지만 그럴 필요 없다. 어차피 주님 뜻대로 일이 될 것이다. 화해하고 예전의 관계로 돌아가도 주님 뜻이고 그냥 이대로 헤어져도 주님 뜻이다. 결론은 모든 것을 합력하여 선을 이루시는 주님 뜻대로 된다. 그러므로 나는 이렇게 생각한다. '애라 모르겠다. 그냥 주님께 다 맡기자.'

이때 중요한 것은 주님이 결론을 어떤 식으로 내려도 받아들이겠다는 태도이다. 어떤 이는 맡기면서도 염려한다. 그는 이렇게 생각한다. '반드시 내 생각대로 주님이 하셔야 하는데...' 그래서 맡기면서도 주님이 자기 생각대로 처리 안하실까봐 염려한다.

주님 생각과 우리 생각은 비교할 수 없이 차원이 다르다. "하늘이 땅보다 높음같이 내 길은 너희의 길보다 높으며 내 생각은 너희의 생각보다 높음이니라" 이사야 55:9

조금만 지나고 보면 주님 생각이 백번 옳았음을 알게 된다. 주님은 나를 잘 알고 계시니 가장 좋은 해결책으로 이끄실 것을 믿고 마음을 놓아야 한다.

오늘부터 하나님의 무궁무진한 관리능력을 전적으로 신뢰하자. 그리고 근심이 다가올 때 있는 그대로 주님께 맡김으로 마음의 쉼을 얻자. "너희 염려를 다 주께 맡기라 이는 _1_가 너희를 돌보심이라" 베드로전서 5:7 "너희는 마음에 근심하지 말라 하나님을 믿으니 또 나를 믿으라" 요한복음 14:1

3. 가장 실속 있는 투자자가 되자

근심 처리를 위한 보다 적극적인 방법은 실제적으로 근심이 생길 상황을 줄여가는 것이다. 성경은 이 방법을 알려준다. "다만 너희는 그의 나라를 구하라 그리하면 이런 것들을 너희에게 더하시리라" 누가복음 12:31 근심을 줄이기 위해 하나님 나라를 위해서 열심히 뛰라는 것이다.

이것이 어떻게 근심을 줄여준단 말인가? 두 가지 이유에서이다.

■1 하나님께서 나머지 문제를 적극 책임지시기 때문에 염려상황이 실제로 줄어든다

자기를 위해서 살 때는 염려근심이 많았던 사람이 하나님 나라를 위해 사는 인생으로 방향을 바꾸게 되면 생각지 못했던 부분에서 하나님이 많이 채워주심을 체험한다.

아버지 목사님께서 담임하시던 당시 우리교회에 K라는 여 집사님이 있었다. 그분은 우리 교회를 통해 처음 예수님을 영접한 사람이었다.

예수님을 믿게 된 동기도 인생에서 모든 것을 상실하고 아무 것도 가진 것이 없을 때 주변에서 예수님 믿으면 복 받는다고 전도를 해서 믿게 되었다. 이 분은 예수님을 믿고 복 받는 것을 몸소 실천하겠다는 굳은 결심이라도 한 사람처럼 믿은 첫날부터 타의 추종을 불허하는 열심을 보였다. 그는 예배마다 빠지는 적이 결코 없었다. 새벽예배부터 시작해서 수요예배, 금요철야, 주일예배, 구역예배, 기타 성경공부 모임에 이르기까지 언제나 강단에서 보면 오른쪽 중간 줄의 맨 안쪽자리를 지켰다.

이런 열심을 하나님은 어여삐 보셨는지 믿은 지 한 달 만에 방언 은사를 받게 되었고 이어서 가정 경제가 회복되기 시작했다. 실직자였던 남편은 아는 사람의 소개로 식품업체 전무로 들어가게 되었고 운동을 하는 딸들은 대표 농구선구가 되었다.

예수님을 모르고 살 때는 가난하고 힘든 인생이었는데 주님을 영접하고 하나님 나라를 위한 인생으로 바꾸기 시작하니까 필요한 것이 속속 채워짐을 우리는 두 눈으로 보았다.

그 집사님이 어느 날 이렇게 말하는 소리를 들었다.

"하나님을 위해서 살고자 하니 매번 뜻밖의 선물을 주세요. 그래서 이제는 다음번에는 또 어떤 선물을 주실까 기대가 되요."

내 인생도 예외가 아니다. 세상에서 출세하려고 할 때보다 주님나라를 위해서 살기 시작할 때부터 훨씬 누림이 많아졌다. 돈이 많다는 개념보다 삶의 누림이 많아졌다는 차원이다. 가는 곳마다 필요가 채워지고 풍성하다. 그래서인지 몸무게조차 넉넉하다.

기존에 있던 조교는 내가 학교에 출근하면 기쁘다고 했다. 먹을 것을 사들고 가거나 아니면 가서 사거나 뭔가 모르게 내가 가는 날은 주변사람까지 풍성해지기 때문이란다.

어느 순간부터 나도 모르게 삶의 패턴이 풍성하고 넉넉한 쪽으로 자리 잡혔다. 언제부터인가 봤더니 하늘나라를 위해 실속 있는 투자자가 되기로 인생방향을 정했을 때부터였다.

그때로부터 주님께서 환경을 순적하게 열어주셨던 것 같다. 따라서 "이것이 없으면 안 돼"라는 개념이 희박해졌다. "이 사람 없으면 안 돼", "이 환경이 사라지면 절대 안 돼"가 안 된다. 즉, 그런 생각을 하려 해도 머리가 그렇게 안 된다는 뜻이다. 왜냐하면 그것이 없거나 그 사람이 없으면 하나님께서 다른 것으로 대치해주시는 것을 알기 때문이다. "이런 것이 내게 있어야 할 줄을 천부께서 아신다"는 것을 나는 잘 알고 있다.

2 관심 자체가 세상 지향적에서 천국 지향적으로 변하기 때문에 세상 근심을 느끼는 체감온도가 내려간다

하늘나라에 초점을 맞추면 이 세상일로 염려가 다가올 때 그것이 과히 커 보이지 않는다. "이 세상은 잠시 있다가 가는 곳인데 뭐. 중요한 것은 천국에서 얼마나 큰 상급을 받는가 라는 사실이

야"라고 입장정리가 되기 때문이다.

성지순례에 갔을 때의 일이다. 2주간 진행되는 여정에서 거의 매일 호텔을 옮겨 다녔다. 그런 일정 덕분에 이스라엘과 이집트와 터키의 호텔을 다양하게 체험할 수 있었다.

호텔처럼 생긴 곳도 있었고 콘도식으로 된 곳도 있었고 어느 곳은 가정집의 느낌마저 주는 곳도 있었다. 바람이 창틈으로 들어오는 곳, 침대가 삐걱거리는 곳, 잠자리가 불편한 곳도 있었다.

하지만 그것 때문에 염려한 일이 한 번도 없었다. "어차피 내일이면 짐 싸서 갈텐데 뭐~"라는 생각 때문이었다. 오히려 새로운 경험을 즐기기까지 했다.

마찬가지로 천국 지향적 인생관으로 바꾸면 지금 근심하는 것이 대수롭지 않아 보인다. '어차피 다 지나갈 텐데...'라는 생각이 들기 때문이다. 짐도 쌀 것도 없이 그냥 가면 되는 곳이 천국이다. 그런데 잠깐 있다가 가는 이곳의 삶에 뭐 그리 고민하고 염려하겠는가? 염려하고 살든, 염려하지 않고 살든, 조만간 이 땅을 떠나는 것이 당신과 나의 운명이 아닌가?

젊은 시절 나는 여드름 때문에 상당히 염려를 많이 한 사람이었다. 대학교 시절부터 시작해서 여드름은 줄곧 나를 따라다니며 10년 이상을 괴롭혔다. 아침에 일어나면 가장 먼저 하는 일이 거울을 보는 것이었다. 간밤에 여드름이 몇 개나 더 났는지 아니면 상태가 호전되었는지 점검하기 위해서였다.

여드름만 없으면 얼마나 인생이 행복할까 생각했다. 때로는 주님
께 따지기도 했다. "주님, 주님은 공생애 사역 중 여드름이 없었으니
사역을 편하게 하셨잖아요? 이렇게 교회를 섬기는 충성된 일꾼인 저
에게 여드름이 나도록 내버려두시면 어쩌자는 말인가요?"

그런데 같은 여드름이 났어도 전혀 고민을 하지 않는 고종 사촌이
있었다. 너무 고민을 하지 않기 때문에 그녀의 엄마인 고모가 오히
려 대신 염려를 해 줄 정도였다.

"희야, 너는 여드름이 그렇게 났는데 걱정도 안 되니? 병원 가서
치료해라, 약을 먹어라"해도 정작 본인은 태평 무심했다. 그리고 늘
이렇게 말하는 것이었다. "언젠가 낫겠지 뭐~."

그녀의 말대로 여드름은 언젠가는 낫고 말았다. 때가 되니 내 얼
굴의 여드름이나 그녀 얼굴의 여드름이나 모두 다 사라졌다. 지금
우리의 근심은 더 이상 여드름이 아니라 노화로 인한 피부 탄력저하
쪽으로 바뀌어졌다.

세상 지향적인 인생은 근심을 많이 하면서 세월을 보내고 천국지
향적인 인생은 같은 상황에서도 근심을 별반 하지 않으면서 세월을
보낸다. 지향하는 바가 달라서 그렇다. 성경은 말씀한다. "너희는 무엇
을 먹을까 무엇을 마실까 하여 구하지 말며 근심하지도 말라" 누가복음 12:29

그 일에 정신을 팔고 염려하며 애쓰지 말라는 뜻이다. NIV 성경은
이렇게 번역한다. "Do not set your heart on what you will eat or

drink(무엇을 먹고 마실지 그곳에 마음을 집중하지 말라)." 그렇게 하는 시간에 주님나라 확장을 위해서 분투하며 달려가라는 권고이다. 성경은 세상일에만 집착해서 염려하고 하나님 일을 등한시하는 자를 "믿음이 작은 자들" 눅 12:28 이라고 부른다.

당신은 믿음이 큰 자인가 작은 자인가? 두 가지 기준으로 판단할 수 있다.

❶ 세상일에 얼마나 염려를 많이 하면서 사는가?
❷ 하나님 나라를 구하는 일에 얼마나 열심을 내고 있는가?

당신은, 아니 당신만은 믿음이 큰 자이기를 바란다.

돈만 보면 어쩔 줄 모르고 좋아하는 구두쇠가 있었다. 그는 돈을 벌 줄은 알았지만 쓰는 기능은 마비된 사람이었다. 구두쇠는 금을 사서 매일 그것을 만지며 시간을 보내다가 도난을 염려해 금덩이를 땅에 묻어두었다.

그런데 어느 날 아뿔싸, 도둑이 금덩이를 모두 꺼내가 버렸다. 금덩이가 없어진 것을 안 구두쇠는 통곡했다. 그러자 친구가 위로했다. "이보게, 이미 지난 일일세. 잊어버리게."

구두쇠가 이렇게 하소연했다. "모르는 소리 말게. 내가 먹고 싶은 것 안 먹고 입고 싶은 것 안 입고 모은 것일세. 내가 어떻게 모은 금덩어리인데... 아이고, 나는 이제 무슨 낙으로 살아가나!~"

친구는 이렇게 충고했다. "정 그렇게 억울하면 금덩이 대신 돌덩이를 구덩이에 채워놓게. 금덩이나 돌덩이나 어차피 사용하지 않을 물건이지 않은가?"

금덩어리를 위해 염려하면서 그것을 땅에 묻어두고 주님나라를 위해서는 조금도 사용하지 않는 삶을 살고 있는가? 구두쇠처럼 금덩어리의 가치가 사라지는 날 크게 후회하며 슬피 우는 일이 빌생한다. 이제 금덩어리를 꺼내 주님을 위해 사용하라. 도둑의 염려도 없는 하늘나라에 영생의 상급으로 차곡차곡 싸여질 것이다.

어느 책에서 이런 글귀를 읽은 적이 있다.

인생의 날수를 당신이 결정할 수는 없지만
인생의 넓이와 깊이는 당신 마음대로 결정할 수 있습니다.
얼굴 모습을 당신이 결정할 수는 없지만
얼굴 표정은 당신 마음대로 결정할 수 있습니다.
오늘 날씨를 당신이 결정할 수는 없지만
당신 영혼의 날씨는 마음대로 결정할 수 있습니다.

나는 이에 한 가지 덧붙이고 싶다. "심판 날이 언제인지는 당신이 결정할 수 없지만 그 날 받을 상급의 크기는 당신이 결정할 수 있습니다. 오늘 당신이 어디에 투자하느냐에 따라서 말입니다."

당신의 힘으로 결정할 수 없는 일들 때문에 근심하지 말고 주님나라를 위해 오늘 해야 할 일을 추진하라. 인생의 한계를 알고, 하나님의 관리능력을 인정하고, 가장 실속 있는 투자자가 되라. 근심을 극복하는 가장 손쉬운 방법이 바로 당신 앞에 놓여있으니...

F.I.R.S.T.C.L.A.S.S

예배

Service of Worship

인생을 바꾸는
3가지 예배 체험은

9

인생을 바꾸는 3가지 예배체험은

보스톤에 사는 A. J. 고든Gordon 목사님은 능력 있는 설교가요 말씀의 사도로 유명했다. 클라렌돈 스트리트 침례교회Clarendon Street Baptist Church라는 큰 교회 담임목사였기에 설교하는 데에 많은 시간과 노력을 들였다.

어느 날 목양실에서 설교 준비를 하던 중 책상에 엎드려 깜박 잠이 들었다. 꿈속에서도 성전에 가득 찬 성도들과 함께 예배를 드리는 장면이 펼쳐졌다. 한참 설교를 하던 중 회중 가운데 앉아있는 30대쯤 보이는 낯선 사람에게 왠지 모르게 시선이 끌렸다.

그래서 예배가 끝난 후 그 사람을 만나보고 싶어 달려 나갔으나 이미 사라진 뒤였다. 급한 마음으로 안내위원들에게 그런 사람을 아느냐고 물었다.

"그럼요 목사님, 예수라고 하는 분인데요..." 깜짝 놀라 깨어보니 꿈이었다.

그때부터 고든 목사님은 예배자리에 예수님께서 오셔서 앉아계심을 알았다. 그래서 주님을 모시는 마음으로 예배를 인도했고 성도들도 그런 마음으로 예배를 드렸다. 그 후 교회는 더욱 강력한 능력으로 부흥했고 수많은 선교 사업을 활발히 전개하게 되었다.

당신이 예배드리는 자리에 주님이 와 계심을 아는가? 성령The Holy Spirit으로 와 계신다. 그러므로 예배는 주인이신 성령님을 만족시켜 드리는 자리가 되어야 한다. 그분 마음에 감동과 기쁨을 드리는 시간이 되어야 한다.

맛있는 식사를 좋은 분위기에서 하고 나면 몸과 마음에 만족감이 다가오지 않는가? 나의 예배를 받으시는 성령님께서 바로 그런 만족감을 누리셔야 한다. 이런 예배를 드리면 인생은 놀랍게 발전한다. 예배 가운데 성령의 권능이 임함으로 내면의 힘이 분출한다. 그 힘으로 인생이 달라지기 시작한다.

이사야 선지자는 바로 그런 체험을 일찍이 구약시대에 한 사람이다. 그때부터 그의 삶과 사역은 달라졌다. 새로운 부르심, 새로운 능력, 새로운 사역에로의 길이 열려졌다. 이전에도 그는 훌륭한 사람이었으나 이제는 하나님께서 친히 정결케 하신 사람이 되었다.

과거 그의 삶은 유대전통을 따르는 종교적 삶이었으나 이제는 계시의 이끌림을 받는 고차원적인 선지자의 삶으로 변혁되었던 것이다. 새로운 예배 체험이 있은 후에...

그렇다면 이사야 선지자의 삶을 바꾼 3가지 예배체험이 무엇이었을까? 우리는 그 체험을 통해 내 인생을 바꾸는 예배의 3가지 의미를 배우게 된다. 그리고 그 체험을 통해 영적인 세계의 퍼스트 클래스 입지를 다지게 된다.

I. 예배는 왕의 향연(palace banquet)이다

예배는 잔치이며 축제이다. 그것도 왕의 잔치이다. 성대하고 웅장하고 존귀하고 멋진 시간이다. 이사야는 이것을 천상예배heavenly worship를 통해 맛보게 된다. 그는 하나님의 보좌에서 천군천사들이 드리는 예배를 목격하며 그 하늘 예배가 이 땅의 예배와 연결되는 모습을 또한 체험한다. 그 예배 가운데 자신의 모습을 발견하고 어떤 인생을 살아가야 하는지 결단하게 된다.

그의 놀라운 예배체험 속에 함께 들어가 보자.

때는 BC 740년경 "웃시야 왕의 죽던 해"이사야 6:1였다. 이사야는 남 유다의 선지자였으며 당시 국가적 상황은 이러했다. 종교적 도덕적으로 북 이스라엘이나 남 유다 모두 타락의 길을 걷고 있었으며 앗수르 왕 디글랏 빌레셋 3세 등극 후 앗수르 제국확장으로 정치군사적 위기 또한 다가왔다.

이처럼 어려운 상황에서 이사야는 나라를 위해 성전에 기도하려고 들어갔고 거기서 놀라운 예배 환상이 펼쳐지는 모습을 보게 된다. "웃시야 왕이 죽던 해에 내가 본즉 주께서 높이 들린 보좌에 앉으셨는데 그의 옷자락은 성전에 가득하였고" 이사야 6:1

주님은 높은 보좌에 앉으셨고 옷자락은 이사야가 서 있는 성전까지 쫙 이어지고 있다. 당시 동양의 군주들은 그들의 옷자락을 펼침으로써 존귀함과 영화를 나타내었는데 이런 차원에서도 왕 되신 주님의 위엄이 나타나는 장면이었다.

주변을 둘러보자 천사들이 찬양과 경배를 올리고 있었다. "스랍들이 모시고 섰는데 각기 여섯 날개가 있어 그 둘로는 자기의 얼굴을 가리었고 그 둘로는 자기의 발을 가리었고 그 둘로는 날며" 이사야 6:2 스랍Seraphim은 "불타는 자들"이라는 뜻을 가진 천사의 한 종류이다. 하나님 보좌 가까이서 하나님을 찬송하고 영화롭게 하며 그 명령을 신속히 수행하려고 대기stand by하고 있는 영적 존재이다.

이사야 6장 3절은 이 스랍들이 보좌 곁에서 하나님을 경배하는 모습을 이렇게 나타내고 있다. "서로 불러 이르되 거룩하다 거룩하다 거룩하다 만군의 여호와여 그의 영광이 온 땅에 충만하도다 하더라."

"거룩하다"를 3번 외침으로 하나님의 영광이 완벽하고 절대적으로 거룩하다는 사실을 보여준다. 그 영광의 규모는 땅을 가득 메우고도 남을 정도였다.

하나님의 거룩하심과 영광은 최소 이 정도임을 알아야 한다. 그의 거룩하심은 누구도 따라올 수 없는 거룩하심이요, 그의 영광은 감히 누가 흉내 낼 수도 없는 영광스러움의 수준이다. 이것이 삼위일체 하나님의 모습이다.

예배란 이처럼 거룩하고 영광스러우신 하나님께 그분이 받으셔야할 마땅한 영광을 올려드리는 행위이다. 만왕의 왕 되신 하나님, 만주의 주가 되시는 하나님을 모든 방법을 동원해서 높여드리는 것이 참 예배이다.

당신의 예배에 하나님은 이와 같이 높임을 받고 계시는가? 찬양가운데, 기도 속에, 선포되는 말씀 속에 하나님께서 높임을 받고 계시는가? 하나님을 진정 높여드리는 예배를 하나님은 기쁘게 받으신다. 오늘부터 당신의 인생이 변혁되기 위해서는 먼저 예배가 왕의 향연으로 드려져야 한다.

■1 예배가 왕의 잔치임을 알면 예배자의 바른 자세가 나온다

복장부터 달라진다. 왕의 잔치에 가는 사람이 아무거나 걸치고 가지 않는다. 자기에게 있는 가장 좋은 옷을 깔끔하게 차려 입을 것이다. 뒤축을 접은 신을 질질 끌면서 왕의 잔치자리에 나가지 않을 것이다. 예배를 제대로 드리려면 복장부터 정성을 다해야 한다.

나는 사역경험을 통해 이 사실을 실감한 적이 많다. 특별히 외부 사역에서는 더욱 그랬다.

예배인도 자리에 나가기 전에 숙소에서 내 모습을 거울에 비추어 본다. 그 모습이 마음에 들어야 사역도 잘 된다. 하나님의 사역자로 회중 앞에 서는데 나 스스로 내 모습이 마음에 들어야 했다.

한동안 통역사역을 하면서 의상을 화려하게 입었다. 주로 드레스를 입었다.

어느 날 사회자 여 목사님이 이렇게 고백하는 것이었다. "전에는 이주영 목사님이 왜 저렇게 옷을 화려하게 입고 나오는지 납득이 안 되었는데, 최근 깨달음이 오기를 '하나님 앞에 서는 사역자는 복장부터 단정해야겠구나', '그것이 하나님 앞에서도 올바른 자세구나'라는 생각이 들었습니다."

요즘은 나이가 들어서인지 드레스를 입지 않는다. 그러나 내 모습이 스스로에게 합격이 되어야 예배도 은혜가 넘친다는 사실은 동일하다.

② 왕의 잔치에 참여하는 자는 태도 역시 정중하다

왕의 잔치자리에서는 함부로 떠들지 않는다. 예배시간에 아이들이 산만한 것은 왕의 잔치를 제대로 의식하지 못해서 그렇다.

아주 오래 전에 우리교회에 있던 어느 전도사님은 어린 아들을 데리고 예배에 참석했다. 그 아이가 얼마나 산만한지 의자 밑을 기어 다니고 소리를 지르며 설교조차 방해하는 일이 빈번했다.

그런데도 막상 아이 엄마는 "어린애가 그 정도면 됐지" 하는 태도를 보이며 눈치를 주는 사람을 오히려 못마땅해 했다. 어린이들이 예배자리에서 산만한 것은 가정에서부터 예배드리는 법을 가르치지 않아서 그렇다.

나는 이것을 실험적으로 확인했다.

십 수 년 전에 영어 선교원을 운영하면서 부설기관으로 어린이 선교원을 함께 운영한 적이 있었다. 몇몇 어머니들이 찾아와서 다른 것은 괜찮으니 우리 아이에게 올바른 신앙만 심어주면 된다고 해서 그런 차원에서 소수의 아이들을 모아서 선교원을 열었던 것이다.

나는 무엇보다도 아이들에게 예배를 제대로 드리는 방법을 가르쳤다. 이렇게 훈련받은 아이들은 예배를 지극히 정중하게 드렸다.

예배시간에는 절대 다른 짓을 하지 않았고 무릎을 꿇고 앉아서 하나님 말씀을 집중해서 듣는 자세가 얼마나 예뻤는지 모른다. 간혹 새로 들어온 아이가 예배시간에 말을 걸어오면 "야~, 예배시간에 떠들면 안 돼"라고 자기들끼리 그 아이를 제재했다.

교회에서 전 성도가 침례식을 하러 물가에 간 적이 있었다.

그때도 우리 선교원 아이들은 예배를 매우 경건하게 드렸다. 예배시간에 물가에 돌아다니며 부모까지 예배에 집중하지 못하게 했던 성도들 가정의 같은 또래 자녀들과는 확연히 구분되는 모습이었다.

자녀를 성공시키고 싶으면 하나님 앞에 참된 예배자로 기르면 된다. 아이들이 방황하고 탈선하는 이유는 예배를 제대로 드리지 않기 때문이다. 예배를 통한 하나님과의 관계 형성이 안 되었기 때문에 방황하는 것이며 그의 인생을 향한 하나님의 계획을 모르기 때문에 탈선하는 것이다.

참된 예배자의 영성이 없는 아이는 세상의 영을 쉽게 받는다. 그래서 세상이 이끄는 대로 흔들리며 살아간다.

자녀에게 예배가 무엇인지 알려주라. 예배를 제대로 드리는 아이로 키워라. 그런 아이 인생은 부모가 걱정 안 해도 하나님께서 책임지시고 하나님께서 쓰시는 위대한 인물이 된다.

❸ 왕의 향연에 참여하는 마음가짐은 즐거움과 기쁨이 있어야 한다

왕 앞에서는 수심이 가득한 얼굴을 하지 않는다. 느헤미야처럼 어쩌다가 중대한 근심이 다가오는 날 수심이 간혹 있을 수는 있다. 그래서 아닥사스다 왕이 물어볼 정도였다. "이전에는 내가 왕 앞에서 수심이 없었더니... 어찌하여 얼굴에 수심이 있느냐 이는 필연 네 마음에 근심이 있음이로다" 느헤미야 2:1-2 만일 그가 왕을 섬길 때마다 수심이 있었다면 진작 쫓겨났을 것이다.

어떤 사람은 실컷 명랑하게 떠들고 웃다가 예배시간만 되면 갑자기 수심이 가득해진다. 이들을 일컬어 우리는 "수심의 영을 몰고 오는 예배자"라고 한다. 그래서 예배를 영안실 분위기로 만들어버린다. 또 어떤 사람은 하나님께 빚 받으러 온 채권자의 심정으로 예배에 참석하기 때문에 불만이 가득한 태도를 보인다. 자기 뜻대로 안 해주시는 하나님을 쏘아보며 삐쳐있기가 일쑤다.

예배는 왕 되신 하나님께 올려드리는 것이므로 그분을 위한 분위기를 연출해야 한다. 하나님의 품격에 어울리는 영광과 존귀를 제대로 표현해야 한다. 귀족에게는 귀족의 품위가 있고 왕에게는 왕의 품위가 있다. 우주와 만유의 지존자이신 하나님께는 그 분의 고상한 품격이 있다. 그 품격에 맞는 예배를 드리는 사람을 나는 "세련된 예배자"라고 부르고 싶어진다.

이사야가 본 환상에서 한낱 미물까지도 예배에 협조하며 영광 돌리는 모습이 나타난다. "이같이 화답하는 자의 소리로 말미암아 문지방의 터가 요동하며 성전에 연기가 충만한지라" 이사야 6:4 스랍들의 찬양 소리에 문지방은 화답하면서 들썩거리고 성전 안에는 연기가 가득해졌다.

하나님의 영광이 어떻게 하면 더 드러나게 할 수 있을까 배경 효과를 제공하는 장면이다. 생명 없는 문지방까지 예배 분위기를 위해 이렇게 노력한다면 하물며 만물의 영장으로 지음 받은 우리는 어떠해야 하겠는가? 그 어떤 피조물보다 예배를 통해 하나님의 영광을 드러내려고 몸부림치는 표현력이 있어야 하지 않겠는가?

예배를 받으시는 하나님이 존귀한 분이심을 안다면 예배는 정성을 다해 드려져야 한다. 예배자리에 임하시는 하나님이 모든 왕보다 뛰어난 만왕의 왕이심을 안다면 예배는 가장 위대한 왕을 위한 잔치로 올려드려져야 한다.

예배를 왕의 향연으로 드릴 때 당신의 인생은 왕의 향연에 참여하는 자로 품격이 올라간다. 이것이야말로 상위 1%가 갖추어야 할 영적 품격이다.

2. 예배는 개인상담(personal counseling)이다

환상을 통해 천상의 예배에 참여하던 이사야는 한 가지 큰 문제를 만나게 된다. 그것은 죄로 물든 자신이 지존하신 하나님을 뵈었으니 이제 죽을 수밖에 없다는 두려움이었다. "그 때에 내가 말하되 화로다 나여 망하게 되었도다 나는 입술이 부정한 사람이요 나는 입술이 부정한 백성 중에 거주하면서 만군의 여호와이신 왕을 뵈었음이로다 하였더라" 이사야 6:5

그는 왜 자신을 입술이 부정한 자라고 말했는가?

정결한 입으로 하나님을 찬양하는 스랍들과 비교할 때 자신의 입술이 더러운 입술임을 보게 되었기 때문이다. 마음으로 범죄 한 것이 입으로 표현된다는 의미에서 입술이 부정한 자는 모든 죄악을 총체적으로 나타내는 표현이기도 하다.

이사야 개인의 입술도 부정하지만 유다의 민족적인 죄악을 생각할 때 그들 입술 역시 부정하다. 그러므로 그는 "나도 죄인이요 내 민족도 죄인들"이라고 탄식하고 있는 것이다. 부정한 자신과 부정한 자기 민족을 생각할 때 사명자가 갖는 죄책감은 커져만 갔다.

그러한 죄인이 거룩하신 하나님을 뵈었으니 이제 어떻게 될 것인가? 쓰러져 죽는 길 밖에 없을지 모른다. 요한이 예수님의 모습을 보았을 때 똑같은 감정을 가졌다. "내가 볼 때에 그의 발 앞에 엎드러져 죽은 자같이 되매 그가 오른손을 내게 얹고 이르시되 두려워하지 말라" 계시록 1:17

어떤 성도가 환상 가운데 하나님의 보좌를 체험한 이야기를 했다. 기도 중에 환상이 열리며 하나님의 보좌가 보이더라는 것이다.

그때 자신은 그 보좌 앞에 엎드려 있는데 본인에게서 냄새가 나서 견딜 수가 없었다는 것이다. 쥐구멍이라도 있으면 숨고 싶은 심정이었다고 한다. 그때로부터 자신이 얼마나 부정한 사람인지 깨닫고 하나님 앞에 극히 겸손한 자가 되었다는 고백이다.

이사야 선지자도 이러한 죄의 문제를 안은 채 몸 둘 바를 모르고 괴로워하는 채로 예배자리에 있었다. 그런데 감사하게도 그때 놀라운 은혜를 맛보게 된다. 스랍 하나가 단에서 취한 숯을 이사야의 입에 대면서 죄 사함을 선포하는 것이다. "그때에 그 스랍 중의 하나가 부젓가락으로 제단에서 집은 바 핀 숯을 손에 가지고 내게로 날아와서 그것을 내 입술에 대며 이르되 보라 이것이 네 입에 닿았으니 네 악이 제하여졌고 네 죄가 사하여졌느니라" 이사야 6:6-7

그의 가장 큰 고민이 해결되는 순간이다. 얼마나 신선한 자유의 바람이 불어왔겠는가?

죄를 지으면 인간에게는 자유가 없어진다. 기쁨도 없어진다. 두려움만이 마음 가득 자리하게 된다. 그 죄가 언제 드러날지 몰라서 전전긍긍하며 드러난 후 어떤 처벌을 받을까 불안해진다.

아담이 범죄 이후 숨었던 이유가 바로 그것이다. 죄로 인한 두려움 때문이었다. 인간의 두려움은 이처럼 에덴동산의 범죄 후 시작되었다.

인생에 죄 문제가 해결되지 않는 한 행복은 없다. 겉으로 아무리 화려해 보이고 행복해 보이는 사람도 죄가 미해결 상태로 남아있으면 실상은 행복하지 않다. 겉으로 행복을 포장해서 남들 눈에만 그렇게 보일 뿐 본인은 말할 수 없는 고뇌 가운데 살아간다. 큰 바위덩어리가 언제 떨어져 머리를 박살낼지 모르는 불안 가운데 살아간다.

사역 중에 이런 분을 만났다. 남편이 있는 상태에서 다른 남자와 3년을 사귀어 왔다고 한다. 처음에는 연애감정에 빠져 행복한 나날들이었다. 하지만 시간이 흐를수록 자기 목을 옥죄는 죄의식에 숨이 막힐 것 같은 답답함을 느끼기 시작했다는 것이다. 그리고 울면서 고백했다. "이제는 그 사람이나 저나 둘 다 죽었으면 좋겠어요..."

다행히도 그 날 그 자매님은 통곡하며 그간 지은 죄를 통회하며 부적절한 관계를 청산하고 새 인생을 살기로 결심했다. 그 때부터 얼굴이 환하게 밝아지고 평안이 깃든 모습이었다.

예배는 죄 문제를 해결하는 자리이다. 예수 그리스도의 피가 죄를 씻어주시고 해방의 기쁨을 주시는 자리이다. 예수님께서 십자가에 달려 돌아가신 이유가 무엇인가? 죄 문제를 해결하시기 위해서이다. 부활하신 이유가 무엇인가? 죄를 다스리는 부활의 능력으로 승리자의 삶을 살도록 하기 위해서이다. 그러므로 예배는 바로 그 죄 문제를 해결하고 죄를 다스리는 능력을 받는 시간이 되어야 한다.

당신에게 은밀한 죄가 있는가? 음란의 죄인가? 도둑질의 죄인가? 시기, 질투, 중상, 모략, 비방의 죄인가? 혈기와 공격성과 파괴와 분노의 죄인가? 원한과 살인의 죄인가?

성전 된 몸을 망가뜨리는 약물중독, 알코올, 흡연의 죄인가? 선량하게 살아가는 이웃을 이용하고 착취하고 부당한 사리사욕을 취한 죄인가? 불법으로 뇌물을 받고 주의 일을 빙자해서 금전적인 거래를 했던 죄인가? 명예, 탐심, 이기심을 하나님 자리에 두었던 죄인가?

숨겨진 죄가 그 어떤 것이든 예수그리스도를 믿으면 십자가의 피는 그 죄를 씻어내는 강력한 세척력이 있음을 기억하라!

그러므로 우리에게는 소망이 있다. 예배는 바로 이런 죄를 씻음 받는 자리이기 때문이다. 내 죄가 용서함 받았다는 확신을 갖는 자리이기 때문이다. 그때 사단의 족쇄는 끊어지고 죄가 점령했던 내 삶의 구석에 예수님의 피의 권세가 물밀듯이 밀려올 것이다. 이 체험이 이 글을 읽는 당신의 삶에 일어나기 바란다!

이사야에게는 스랍이 핀 숯을 입에 대며 "네 죄가 사하여졌느니라"고 했지만 오늘 우리 죄를 사하시는 예수님의 능력은 그보다 수천 배 강력한 능력이 되신다.

이사야 1장 18절은 말씀한다. "오라 우리가 서로 변론하자 너희의 죄가 주홍 같을지라도 눈과 같이 희어질 것이요 진홍 같이 붉을지라도 양털 같이 희게 되리라"

우리에게는 죄 문제와 더불어 인생문제가 있다. 매일 매일 살아가는 것이 쉬운 것 같아 보여도 저마다 어깨에 큰 짐을 지고 가는 것이 인생길이다.

먹고 사는 문제로부터 시작해서 인간관계에서 일어나는 문제, 결혼문제, 자녀문제와 가정문제, 직장과 사업문제, 건강문제, 꿈과 비전의 성취문제, 사역의 문제, 정신적 괴로움과 영적인 문제까지 수많은 문제들이 우리 삶을 힘겹게 만든다.

"사는 게 힘드시죠?"라고 물어보라. 대부분 "네, 힘들어요"라고 대답할 것이다. 더 나아가 "그걸 질문이라고 하세요?"라고 말하는 사람도 있을지 모른다.

그래서 우리에겐 예배가 필요하다. 이 문제들에 관한 상담이 예배를 통해 이루어지기 때문이다. 예배를 통해 나의 문제를 성령님께 말씀드리고 그 해답을 얻고 일어나야 한다.

"주님, 제가 이런 문제를 안고 예배에 갑니다. 오늘 이 문제에 대한 해답을 주시고 마음에 평안과 확신을 주세요"라고 기도하라. 그러면 예배를 통해 해답이 주어진다. 기도 가운데 해답이 오던지, 찬양가운데 오던지, 말씀 가운데 오던지, 어쨌든 해답이 온다.

인생문제를 위한 지혜가 생겨서 "아 그렇게 하면 되겠구나"라고 해결책을 얻는다. "이 정도 문제는 얼마든지 이길 수 있어"하며 용기도 얻는다. 주님께서 내 문제를 가장 좋은 방법으로 해결하신다는 마음의 담력과 확신을 얻는다.

그래서 예배가 끝날 때에는 가벼운 마음, 한결 자유로운 심령, 더욱 기쁨이 넘치는 얼굴로 성전 문을 나서게 된다. 얼굴에 광채가 나기까지 한다. 이것이 예배의 실상이다.

늘 웃음 띤 얼굴을 하신 권사님이 계셨다. 어떻게 그런 평화롭고 기쁨이 넘치는 얼굴을 갖게 되었는지 궁금해서 물었다. 그랬더니 이런 말씀을 하셨다.

"수년 전 어느 날 예배의 은혜가 임하기 시작했어요. 예배를 마치고 돌아오면 그렇게 기쁠 수가 없는 거예요. 자연히 얼굴에는 웃음이 번지고 그렇게 즐거워하며 1년 동안을 웃었더니 그 후에는 표정이 잡혀서 안 웃을 때도 얼굴은 웃는 모습이 되어 있답니다."

요즘 자살하는 사람들이 많다. 얼마나 사는 게 힘들면 삶 자체를 포기하는 극단적인 결단마저 했겠는가? 하지만 예배를 제대로 드리면 절대 자살 안한다. 예배에서 주님과 개인 상담이 이루어지고 문제가 해결되거나 해결된다는 소망이 생기면 다시 살 힘을 얻게 된다. "자살의 영"이 "살자의 영"으로 바뀌기 때문이다. 예수님은 친히 말씀하셨다. "수고하고 무거운 짐 진 자들아 다 내게로 오라 내가 너희를 쉬게 하리라" 마태복음 11:28 그리고 바로 이 목적을 위해 우리를 예배 자리로 부르시는 것이다.

스랍 하나가 제단에서 나온 숯을 가지고 이사야의 입에 대며 그의 고뇌를 해결했다는 사실에서 나는 목회자로서의 책임을 통감한다. 제단altar, 즉 강단에서 문제해결의 파워power가 나가야 한다는 사실에서 말이다. 목회자는 강단 사역을 최선을 다함으로 사명 감당을 잘 해야 한다. 그래서 예배를 통해 회중이 주님과 상담이 잘 이루어 지도록 돕는 사역을 해야 한다.

한 번은 대구에 내려가서 사업장 예배를 인도했다.

대적들의 핍박을 받는 형편인데 때로는 조폭까지 동원해서 날마 다 그 사업장 주변을 순찰한다는 것이었다. 두려움이 다가올 수밖 에 없는 상황이었다. 그런데 예배를 통해 하나님이 지켜주신다는 확 신을 얻었다. 불말과 불병거로 호위하신다는 말씀과 "잠시 후에는 악 인이 없어지리니 네가 그 곳을 자세히 살필지라도 없으리로다" 시편 37:10 라는 말씀을 주셨다.

예배를 마친 후 모두들 기쁨이 충만했다. 한 사람씩 개인 상담이 다 끝나기까지 아무도 안 가고 기다리고 있다가 함께 우아한 레스 토랑에 가서 식사를 했다. 기다리는 동안 지루하지 않았느냐고 물었 다. 그러자 일제히 "아니요 목사님, 너무 기뻐서 시간 가는 줄도 몰 랐어요"라고 답하는 것이었다.

예배를 통해 죄 문제와 인생문제의 답을 얻는 개인 상담이 이루어 지기 바란다. 당신 개인과 섬기는 교회와 사역하는 자리마다 그렇게 되기를 바란다.

3. 예배는 충성서약(homage)이다

예배는 내 인생 문제를 해결할 뿐 아니라 하나님의 소원을 채워드리겠다는 결단의 시간이다. 하나님도 필요를 갖고 계신다. 그래서 내가 그 필요를 채우는 도구가 되기를 원하신다. 이사야는 하나님의 필요를 귀로 똑똑히 들은 사람이었다. "내가 또 주의 목소리를 들으니 주께서 이르시되 내가 누구를 보내며 누가 우리를 위하여 갈꼬" 이사야 6:8 여기서 "우리"라는 말은 삼위일체 하나님을 의미한다.

그렇다면 하나님은 어떤 필요를 갖고 계셨으며 누구를 필요로 하셨을까?

당시 상황을 보면 하나님의 필요를 쉽게 알 수 있다. 선민으로 세운 유다 백성이 하나님을 배반하고 형식적인 신앙에 치우쳤다. 하나님 대신 이방 나라들을 의지하고 이방의 힘으로 어려움에서 벗어나고자 했다. 사회적으로 불의를 행하며 약자를 학대하는 죄가 만연했다.

하나님은 이들의 죄악을 지적하시고 돌이키고자 하시는 절박한 필요를 느끼셨다. 그래서 이사야 1장 4절은 이렇게 시작한다. "슬프다 범죄한 나라요 허물 진 백성이요 행악의 종자요 행위가 부패한 자식이로다 그들이 여호와를 버리며 이스라엘의 거룩하신 이를 만홀히 여겨 멀리하고 물러갔도다."

하나님은 외치고 싶으셨다. "지금 돌아오라, 더 환란을 당하기 전에 돌아오면 회복이 있을 것이다." 하나님의 안타까운 심정은 이렇게 표현되어 있다. "너희가 어찌하여 매를 더 맞으려고 패역을 거듭하느냐" 이사야 1:5 하나님은 미래를 향한 소망까지 제시하면서 촉구하신다. "너희가 즐겨 순종하면 땅의 아름다운 소산을 먹을 것이요" 이사야 1:19

그러나 유다백성은 돌아와 회개하지 않았다. 하나님은 이것까지 이미 예견하셨다. "너희가 듣기는 들어도 깨닫지 못할 것이요 보기는 보아도 알지 못하리라" 이사야 6:9 그 결과 이들은 바벨론의 포로로 끌려가게 된다. "성읍들은 황폐하여 주민이 없으며 가옥들에는 사람이 없고 이 토지는 황폐하게 되며" 이사야 6:11

그 후 하나님은 신실하게 주를 섬기는 소수의 남은 자들을 통해 유다를 회복시키신다. "그 중에 십분의 일이 아직 남아 있을지라도 이것도 황폐하게 될 것이나 밤나무와 상수리나무가 베임을 당하여도 그 그루터기는 남아 있는 것같이 거룩한 씨가 이 땅의 그루터기니라" 이사야 6:13

하나님은 이런 구구절절한 애타는 사연을 유다 백성들에게 전하고 싶어 하셨다. 그런데 누가 이 말을 전하면 좋을 것인가? 하나님의 대언자로 누구를 보내면 좋겠는가? 이것이 하나님의 관심사였고 하나님은 바로 이 문제를 의논하고 싶으셨다. "내가 누구를 보내며 누가 우리를 위하여 갈꼬" 이사야 6:8

참으로 다행스럽게도 천상의 예배를 체험하던 이사야는 이러한 하나님의 필요에 눈을 뜨게 된다. 그리고 하나님의 절박한 필요를 공감하게 된다. "아, 하나님의 소원을 이뤄드리는 일에 내가 뛰어 들어야겠구나!"하고 결단하게 된다. 그래서 선뜻 이렇게 대답한다.

"내가 여기 있나이다 나를 보내소서" 이사야 6:8

하나님이 얼마나 반가우셨을까? 이사야가 얼마나 기특하셨을까? 이사야의 대답이 고맙고도 고마우셨을 것이다. "이사야야, 너는 내 마음을 아는구나. 내가 바로 너를 보내고 싶었는데... 내가 네 이름을 지목하기도 전에 그 마음을 읽고 먼저 대답하니 참으로 고맙구나."

사실 하나님은 이 사명을 감당하는데 이사야가 적임자임을 이미 아셨다. 이사야를 보내고 싶으셨다. 그래서 환상까지 열어 보여주시며 이사야를 이 시점으로 이끌어 오신 것이다.

하나님이 이렇게까지 하셨는데 만일 이사야가 이렇게 말했다고 가정해보자. "주님 저는 아닙니다. 저만은 절대 보내지 말아주세요." 하나님께서 얼마나 서운하고 맘이 답답하셨을까?

하나님께서 당신을 향해 "이 일을 누가 하면 좋을까?" 물으신다면 바로 당신이 그 일의 적임자임을 알아차려야 한다. 하나님 마음을 읽는 일에 그 정도 눈치는 있어줘야지 쓰임 받는다. 만일 다른 사람이 해야 한다면 하나님이 그 사람에게 묻지 왜 굳이 당신에게 물으시겠는가?

마음에 어떤 사명감이 느껴지기 시작한다면 벌써 알아차려야 한다. 당신이 그 일을 해야 하는 적임자라는 사실을... 그때 무조건 "예"라고 대답하라. "하나님 제가 하겠습니다. 저를 시키시옵소서." 그것이 하나님께 크게 쓰임 받는 태도의 첫 관문이다.

누구에게 일을 시켜보면 이 사실을 실감한다. 일을 절대 시키고 싶지 않은 타입type은 이런 식으로 반응하는 사람들이다. "이거 꼭 내가 해야 되요?" "휴~ 또 나밖에 없네." "할 수 없이 해야 되겠네~."

하나님은 이 시대에 사람을 필요로 하신다. 그 사람이 자발적으로 나오기를 바라고 계신다. "너, 가!(You, go there!)"라고 강요할 수도 있지만 하나님은 우리의 자원하는 마음을 받기 원하신다. "하나님 제가 가겠어요. 저를 보내주세요"라는 외침을 듣기 원하신다.

부디 이렇게는 말하지 말라. "쟤가 갈 것 같으니 쟤를 보내주세요." "김집사를 보내주세요. 그럼 잘 할 겁니다." 최소한 당신만은 이렇게 말해야 한다. "저를 보내세요. 제가 죽도록 충성하겠습니다." 그렇게 고백하는 순간 당신은 진정한 상위 1%의 평생 회원권을 손에 쥐게 된다.

이사야가 감당해야 할 사명은 쉬운 것은 아니었다. 유다가 곧 멸망당할 것과 바벨론에 포로로 잡혀갈 것을 선포해야 했고, 그 중 소수의 남은 자만이 다시 고토로 돌아올 것을 예언하는 임무였으니 말이다. 이 메시지가 전파될 때 수많은 핍박이 예상되는 일이었다. 전승에 의하면 이사야 선지자는 이 메시지를 충성스럽게 전하다가 악한 왕 므낫세 시대에 순교의 제물이 되었다고 한다.

그럼에도 불구하고 이사야는 선뜻 대답을 했다. 마치 그 대답을 하기 위해 기다렸다는 듯이... "제가 여기 있습니다. 그 사명의 자리에 저를 보내주옵소서..."

이 고백을 나는 충성서약이라고 부른다. 충성서약이라는 말은 중세 봉건사회에서 신하가 봉건군주에게 충성을 다할 것을 맹세하는 의식에서 유래했다.

서약자가 모자를 벗고 무장을 푼 뒤 무릎을 꿇고 양손을 앞으로 내밀면 군주는 이것을 양손으로 받아 자기의 신하로 인정함을 선언한다. 그러면 서약자가 일어나 성서에 오른손을 올려놓고 평생 동안 충성할 것을 서약했다.

예배도 이런 특징을 담고 있다. 예배는 나의 왕 되신 하나님의 부르심을 따라 종 된 내가 사명을 감당하겠다는 충성서약이다.

당신은 예배자리에서 하나님께 어떤 충성서약을 하고 있는가? 하나님은 당신이 어떤 일을 해 주기를 원하시는가? 우주를 주관하시는 하나님의 거대한 프로젝트에서 당신의 자리는 어디이며 어떤 사명을 감당함으로 그분의 일을 도와드릴 수 있겠는가?

온 세상은 지금 예수 그리스도의 복음을 듣지 못한 채 멸망의 길로 줄달음질 치고 있다.

중국은 14억 인구 중 13억 이상이 복음을 듣지 못한 채 멸망하고 있다. 인도는 12억 인구 중 10억 이상이 어두움과 사망의 그늘에서 죽는 날을 기다리고 있다. 일본은 1억3천의 인구 중 기독교인이 100만도 되지 않는다. 터키는 7천만 인구 중 기독교인이 몇백명에 불과하고, 사우디아라비아에는 공식적인 크리스천이 한 사람도 없다.

이런 현실 가운데서 당신은 주님을 위해 무엇을 해야 하겠는가?

예배를 통해 사명을 발견하자. 그 길이 힘들고 어려운 길이라 할지라도, 그 사명을 감당하다 내게 죽음이 온다 할지라도 주저 말고 사명을 향해 달려 나가자.

당신이 드리는 예배가 하나님을 향한 이런 충성서약이 되기 바란다. 하나님의 은혜와 복을 받을 뿐만 아니라 하나님의 필요를 채워드리는 완성된 예배가 되기를 바란다.

탐 크라우터Tom Kraeuter가 지은 "우리의 예배를 받으시는 12가지 이유(Worship Is... What?!)"예수전도단라는 책 내용 중 이런 글귀가 있다. "주님의 소원에 '예'라고 하는 것 이상 더 높은 예배형태는 없습니다. 주님께서 말씀하실 때 '예'라고 하십시오."

이제 인생을 변화시키는 3가지 예배가 정리되는가?

1. 예배는 왕의 향연(palace banquet)이다.

2. 예배는 개인상담(personal counseling)이다.

3. 예배는 충성서약(homage)이다.

"상위 1% 인생"이길 원하는가? 예배를 제대로 드려라. 그러면 당신의 인생은 자기가 알아서 최상위 고지로 올라가 있을 것이다.

F.I.R.S.T.C.L.A.S.**S**

집착

Sticking

다 지나가리라

10

다 지나가리라

유태인의 지혜서 "미드라쉬"라는 책에 나오는 이 야기이다. 어느 날 다윗 왕이 보석 세공인을 불러 명령 을 내렸다.

"짐을 위해 반지를 만들고 그 반지에 글귀를 하나 새겨 넣어라. 그 내용은 내가 승리했을 때 기쁨에 취해 자만해지지 않게 해 주는 것 이어야 하며 절망에 빠져있을 때 수렁에서 건져줄 수 있는 것이어야 하느니라."

보석 세공인은 왕의 명령대로 아름다운 반지를 하나 만들었지만 적당한 글귀가 생각나지 않아 고민에 빠졌다. 며칠을 고민한 끝에 그는 솔로몬 왕자를 찾아가 조언을 구하기로 했다.

"지혜로운 왕자님, 제게 문장 하나를 알려주십시오. 왕자님께서 황홀한 기쁨에 도취되었을 때 절제시켜 줄 수 있고 왕자님께서 낙담했을 때 격려해 줄 수 있는 말이 무엇인지요?"

솔로몬은 조용히 미소를 지으며 종이에 이렇게 썼다. "이것 또한 지나가리라(It will pass away)." 그리고 말했다. "누구든 승리의 순간에 이 글을 보면 자만심을 가라앉히게 될 것이고 절망의 순간에 이것을 보면 용기를 얻게 될 것입니다."

솔로몬은 이 세상의 모든 부귀와 향락을 다 누린 사람이었다. 그런데 그가 인생의 부귀영화를 다 누린 후 인생을 요약하는 내용이 뜻밖이다. "이 세상 모든 것은 바람처럼 지나가는 것, 잡으려는 시도조차 헛된 일일 뿐이로다~"

솔로몬은 과연 무엇을 그렇게도 헛되다고 말했을까? 그 전반적인 헛됨을 3가지 면, 곧 지혜, 수고, 물질이라는 면에서 정리해보고자 한다. 그리고 이 헛됨이 헛됨 자체로 끝나야 하는 것인지 검토해 보고자 한다.

즉, 그가 말하는 헛됨 속에서 우리는 진정 의미있는 세계로 향하는 비밀통로를 발견할 수는 없을까라는 고민을 해보자는 것이다.

그 비밀통로야 말로 솔로몬이 헛됨이라는 포장 속에서 진실로 말하고 싶었던 외침이었을 것이라는 생각을 하면서 말이다.

I. 지혜

솔로몬은 지혜를 찬양하는 사람 중 하나였다. 그런데 전도서 2장 15절에서 그는 지혜의 헛됨을 말하고 있다. "내게 지혜가 있었다 한들 내게 무슨 유익이 있으리요 하였도다 이에 내가 내 마음속으로 이르기를 이것도 헛되도다 하였도다."

솔로몬은 왜 지혜가 헛되다고 했을까? 여기서 염두에 둘 사실은 전도서를 솔로몬 말년에 기록했다는 점이다.

세상 사는 동안에는 지혜가 얼마나 빛을 발하는가? 성공에 큰 힘을 실어줄 수 있는 것이 지혜이다.

하지만 이 세상을 떠나는 입장에서는 지혜가 아무런 힘이 되지 못한다는 것이다. 지혜자도 죽을 것이고 무지한 자도 죽을 것이기 때문이다. 물론 지혜자가 글을 써서 남겨 놓으면 사후에도 오랫동안 남을 수 있겠으나 그것이 당사자에 무슨 상관이란 말인가? 본인은 이미 이 세상에 존재하는 사람이 아닐테니 말이다.

솔로몬이 여기서 지혜가 어리석다고 한 것은 이처럼 당하는 일에 비추어 볼 때 그렇다는 것이다. "그들 모두가 당하는 일이 모두 같으리라는 것을" 전도서 2:14 "우매자가 당한 것을 나도 당하리니" 전도서 2:15

무엇을 말하는가? 죽음을 말하는 것이다.

우매자도 죽는 것처럼 지혜자 역시 죽음 앞에서는 지혜로 버텨볼 도리가 없다는 점이다. "지혜자도 우매자와 함께 영원하도록 기억함을 얻지 못하나니 후일에는 모두 다 잊어버린 지 오랠 것임이라 오호라 지혜자의 죽음이 우매자의 죽음과 일반이로다" 전도서 2:16

대학시절 불문학과에 유명한 L 교수님이 계셨다. 그분은 불어사전을 집필할 정도로 실력이 뛰어난 분이셨다. 학교 다닐 때 강의를 듣고 그 후에도 먼발치에서 몇 번 뵈었는데 졸업 후 잊고 있던 중 들리는 소식이 그분이 돌아가셨다는 것이다. 그 소식을 들은 지도 지금으로부터 꽤 오래 전 일이다.

그렇다면 지금 과연 몇 사람이나 그분을 기억하며 살겠는가? 대부분 잊고 살다가 어쩌다 간혹 기억이 나면 그나마 잘 기억하는 것 아니겠는가? 그리고 또 한편 기억한다 한들 그분에게 무슨 도움이 되겠는가?

솔로몬은 박학다식한 사람이었다. 오래 전 I.D.E. 토마스 박사가 저술하고 이원박 목사님께서 번역하신 "솔로몬에게 물어보세요"라는 책을 읽은 적이 있다.

그 내용을 보면 솔로몬은 과연 모르는 게 없다 할 정도로 만물박사였다. 동물, 식물, 천연광물, 심지어 담에 나는 우슬초에 이르기까지 솔로몬은 꿰뚫고 있었다.

그런 그가 인생을 마감하면서 곰곰이 생각해 보니 죽음 앞에서는 이 모든 지식과 지혜가 아무런 역할을 못한다는 사실이었다. 어쩌면 이것이 그의 서글픔이요 절망이었는지도 모른다. 그리고 동일한 내용이 우리의 아쉬움이요 좌절일지도 모른다.

자, 그럼 어떻게 할 것인가? 지혜 구하기를 포기하고 일자무식하게 살아야 하겠는가? 전도서를 잘못 이해하면 마치 삶을 다 포기하고 살아갈 의욕조차 상실하게 하는 것처럼 보일 수도 있다. 그것이 전도서의 근본 사상일까?

물론 아니다. 전도서의 진면목은 인생의 허무를 깨닫게 함으로 헛되고 헛된 세상에 사는 동안 헛되지 않은 영원한 세상을 준비하는 참 지혜자로 살게 해 준다는 데 있다.

20대를 지나던 어느 날 갑자기 이런 생각이 들었다. "내가 지금 죽는다면 아까울 것이 무엇인가?" "죽은 후에도 가져갈 수 있는 것이 무엇인가?"

그리고 답을 얻었다. 천국자원으로 변환된 것만이 가능하다는 것이었다. 즉 현재 내게 있는 것을 천국에서도 사용할 수 있는 천국 가용자원으로 성분을 변화시키는 것이 필요하다는 사실이었다.

당신은 스스로 지혜자라고 생각하는가? 그것을 그냥 품에 안고만 있지 말라. 천국의 가용자원으로 변화시켜라.

아이스크림의 가치는 그것이 아이스크림의 형태를 띠고 있기 때문에 발생한다. 다 녹아서 액상 크림으로 되어버린다면 아무 가치가 없다. 그때부터는 설탕물보다 못한 처지가 된다.

지혜도 마찬가지이다. 내게 있는 지혜를 천국에서도 가치를 발할 수 있는 천국형 지혜로 전환시켜야 한다.

어떻게 하면 되는가? 하나님의 일을 위해 사용하면 된다. 하루하루 먹고 사는 데만 지혜를 사용하고 나 자신만을 위한 일에 지혜를 쓰면서 살다가 막상 이 세상을 떠날 날이 오면 어떻겠는가? 천국자원으로 변화된 지혜가 하나도 없다는 사실에 당황하게 될 것이다. 당신의 지혜로 하나님을 유익하게 하라. 머리를 짜내서 주님을 유익하게 할 일을 고안하라.

요즘 범죄자들은 지능이 높다. 어떤 살인자는 드라이기로 전기충격을 주어 아내를 살해한 후 시체의 목을 매달아 자살로 위장했다. 범행 후 아들에게 전화를 걸어 어머니의 사망소식을 알리기까지 했다. 그러다 불행 중 다행히도 현장조사를 하던 형사들이 주변 공사장에서 끈과 증거물을 찾아냄으로 사건의 범인이 밝혀져 완전범죄가 수포로 돌아갔다.

만일 그가 이런 머리를 주님을 위한 지혜로 사용했더라면 얼마나 가치 있는 인생이 되었을까?

하나님께서 인간에게 주신 지혜의 사용방향을 잘 잡아야 한다. 귀신에게 내 머리를 맡겨서 귀신이 원하는 일에 지혜를 쓰면 망한다. 반면 하나님께서 원하시는 일에 지혜를 사용하는 사람은 이 세상 뿐 아니라 저 천국에서도 영원히 빛나는 존재로 남게 된다.

2. 수고

솔로몬은 아버지 다윗을 이어 왕이 된 후 많은 수고를 한 사람이다. 수많은 재판, 그것도 어려운 재판을 진행하며 명쾌한 답을 제시해야 했고 백성들의 필요를 채우는 정치를 해야 했으며 전쟁을 승리로 이끌고 주변 국가들과 무역을 하고 그들의 조공을 받는 자리를 유지해야 했다.

솔로몬 당시 두로와 시돈을 비롯한 여러 국가들과 무역이 있었고 시바의 여왕은 솔로몬의 지혜를 듣기 위해 직접 방문하기도 했다. 아울러 처첩을 3천이나 거느리느라 그 수고 또한 말할 수 없었을 것이다. 어떤 분은 솔로몬의 이름을 농담 삼아 이렇게 말한다. "솔로solo로는 몬살아~ 그래서 수많은 아내들이 있었지."

솔로몬은 이처럼 극심한 수고를 하고 난 후 지난날을 돌아보니 허무하기 그지없었다. 왜냐하면 자기는 이제 세상을 떠나고 왕위를 물려주어야 할텐데 다음 왕이 자기가 이룬 모든 공적을 잘 유지할 수 있을는지조차 확신할 수 없었기 때문이다. 실제로 솔로몬 사후에 왕위를 계승받은 르호보암 재위기간 중 이스라엘은 남북으로 분열되고 말았다.

그래서 솔로몬은 자기가 일평생 행한 수고에 대해 이렇게 탄식한다. "내가 해 아래에서 내가 한 모든 수고를 미워하였노니 이는 내 뒤를 이을 이에게 남겨 주게 됨이라 그 사람이 지혜자일지, 우매자일지야 누가 알랴마는 내가 해 아래에서 내 지혜를 다하여 수고한 모든 결과를 그가 다 관리하리니

이것도 헛되도다" 전도서 2:18-19

이스라엘의 상황은 솔로몬 시절 말기에 이미 사치와 향락이 만연하고 국민들의 부담은 커지고 있었다. 아들 르호보암이 왕위에 오르자 노장파들은 백성들의 곤고함을 면해주고 그들의 목소리를 들을 것을 주장한다.

하지만 소장파에서는 더 강하게 억압함으로 나라 기강을 잡자고 했는데 르호보암은 젊은층의 말을 들었다. 그 결과 여로보암을 중심으로 반란이 일어나고 12 지파 중 10 지파가 여로보암을 따라 북 이스라엘을 세우고 말았다.

만일 솔로몬이 죽지 않고 그대로 왕권을 유지했더라면 이스라엘은 그처럼 쉽게 분열되지 않았을지도 모른다. 솔로몬은 이처럼 열심히 수고하고 부귀영화를 극도로 누렸지만 이 세상은 영원한 것이 아닌 관계로 모든 것을 저항할 수 없이 내려놓고 세상을 떠나고 말았던 것이다.

이런 시점을 당한 솔로몬은 이렇게 탄식한다. "이러므로 내가 해 아래에서 한 모든 수고에 대하여 내가 내 마음에 실망하였도다" 전도서 2:20

그리고 실망의 이유를 말한다. "어떤 사람은 그 지혜와 지식과 재주를 다하여 수고하였어도 그가 얻은 것을 수고하지 아니한 자에게 그의 몫으로 넘겨주리니 이것도 헛된 것이며 큰 악이로다" 전도서 2:21

맞는 말이다. 인생을 열심히 살았어도 결국 떠날 때는 남에게 다 주고 가야 하니 말이다.

구두쇠 할아버지 사업가 한 분이 계셨다. 얼마나 돈을 아끼는 분이던지 날마다 똑같은 점퍼 하나로 사계절을 버텼다. 먹고 싶은 것이 있어도 돈이 아까워 꾹 참고 살았다. 비가 오나 눈이 오나 손발이 닳도록 수고하며 악착스럽게 돈을 모았다. 그리고 어느 날 돌아가셨다.

그 후 남겨진 재산은 자식들에게로 고스란히 넘어갔다. 더욱 안타까운 것은 재산 때문에 자식들이 서로 싸우며 형제간 법정 공방이 벌어졌다는 사실이다. 정작 본인은 하나도 쓰지 못하고 수고만 하다 죽었는데 말이다.

이렇게 다 두고 가는 인생인데도 사는 동안은 어떠한가? 이 땅에서 무언가를 얻어내고 목표를 이루기 위해 얼마나 고생하며 사는가? "사람이 해 아래에서 행하는 모든 수고와 마음에 애쓰는 것이 무슨 소득이 있으랴 일평생에 근심하며 수고하는 것이 슬픔뿐이라 그의 마음이 밤에도 쉬지 못하나니 이것도 헛되도다" 전도서 2:22-23

밤일 하는 사람들이 많다. 격일로 야근을 하거나 3교대를 하는 바람에 밤에 잠도 편히 잘 수 없는 직업이 많다. 밤에 육신은 잔다 해도 마음은 걱정 근심 계획으로 분주해 뜬 눈으로 밤을 지새거나 잠을 설치는 일도 사람들에게 다반사로 일어난다. 그러므로 이렇게 고생으로 물든 인생길을 걸어가다가 다 두고 떠나는 이치 앞에서 탄식이 나오는 것도 무리는 아니다.

그럼 어떻게 하란 말인가? 전혀 수고하지 말고 빈둥거리며 놀다 죽으란 말인가? 성경은 이에 관해 명쾌한 답을 제시한다. "사람이 먹고 마시며 수고하는 것보다 그의 마음을 더 기쁘게 하는 것은 없나니 내가 이 것도 본즉 하나님의 손에서 나오는 것이로다" 전도서 2:24

수고를 하되 하나님 안에서 하라는 것이다. 하나님을 중심으로 하는 삶, 그러한 인생의 수고는 진정한 기쁨과 보람과 삶의 의미가 있다는 것이다.

오래 전 모 기도원에 다니며 은혜를 한창 받던 시절 그 기도원 담임 전도사님께서 이런 고백을 하는 것을 들었다. "나는 이 땅에서 아무 낙이 없어요. 오직 주님 일을 할 때가 가장 기쁠 뿐이죠."

그때 나에게는 극도의 낙심이 찾아왔다. "여기서 기도하다가 응답받고 이 땅에서 낙을 찾고자 기도원을 다니는데 저분 정도의 영성이 되어도 낙이 없다면 나는 오늘부터 뭘 바라보고 기도하며 무슨 낙을 기대할 수 있을까?" 회의가 물밀듯이 다가왔다.

그런데 세월이 흐른 후 사역의 기쁨을 발견한 후부터는 그분이 이해가 되었다. "하나님 안에서 기쁨과 보람을 느끼는 것, 인생의 의미가 바로 이것이구나"를 깨달았기 때문이다.

인생을 하나님 중심으로 살고 그 안에서 먹고 마시고 수고하는 것은 엄청난 낙이 된다. 영혼의 참 안식과 보람이 생긴다. 목표가 있기 때문이요 성취감이 느껴지기 때문이다.

목욕탕에서 일명 때밀이 하는 분과 대화를 한 적이 있다. 자식을 위해 고생한다고 했다. 하지만 그 자녀가 공부를 잘하고 잘 성장하고 있어서 고생이 고생으로 여겨지지 않고 보람으로 여겨진다는 것이다. 자식이 훌륭하게 커주니 어머니의 고생이 말끔히 씻겨지는 모습을 보았다.

하나님 안에서 하는 수고는 이보다 더 큰 성취감이 있다. 장차 모두 상급으로 받을 고생이니 얼마나 보람이 있는가? 또한 그 일을 하는 과정에서도 하나님이 큰 기쁨을 주신다.

한번 비교 실험을 해보라. 쓸데없는 일을 하면서 먹고 마시고 시간을 보낸 날과 하나님이 진정 기뻐하시는 일을 한다는 확신 가운데 수고하는 것 어떤 것이 더 큰 삶의 보람을 느끼는지?

찬양 CD를 발간한 어느 복음가수 이야기를 들은 적이 있다. 음반이 나오는 날 펑펑 울었다는 것이다. 남들이 음반을 낼 때 "저이는 왜 저렇게 우나?" 의아해 했는데 막상 본인 CD가 나오는 날은 그보다 더 울었다고 한다. 엄청난 성취감이 있더라는 것이다. 자신의 찬양이 수많은 사람들에게 전해져서 영혼을 치료하고 하나님의 메시지를 전달하는 도구가 된다고 생각하니 감격이 넘쳤다는 것이다.

인생의 수고를 하나님 안에서 하라. 놀라운 성취감과 소득이 있다.

3. 물질

사람들은 돈을 벌기 위해 몸부림을 친다. 그러나 돈은 원한다고 생기는 것도 아니고 노력한다고 항상 벌리는 것도 아니다. 사업을 해서 돈을 벌기 위해 애를 쓰는 사람들이 많은데 그들 모두가 원한다고 돈을 잘 버는 것이 아님을 보면 알 수 있다. 아니 오히려 원하기는 하지만 물질을 쉽게 벌지 못하는 것이 현실일지도 모른다.

돈은 사람의 말을 듣고 이리저리 움직이는 것이 아니라 그 자체로 움직여가는 방향이 있다. 어떤 사업가의 말에 따르면 돈이 모이는 곳에 가야 돈을 번다고 한다. 그 말도 일리가 있다. 하지만 근본적으로 물질은 영의 흐름을 따라 간다는 사실을 알아야 한다.

"하나님은 그가 기뻐하시는 자에게는 지혜와 지식과 희락을 주시나 죄인에게는 노고를 주시고 그가 모아 쌓게 하사 하나님을 기뻐하는 자에게 그가 주게 하시지만" 전도서 2:26

죄인들이 쌓은 물질은 어디로 가는가? 하나님께서 기뻐하는 자에게로 가게 하신다. 즉 하나님을 기쁘게 하는 자, 하나님 안에서 선한 자, 하나님께서 보시기에 좋은 자에게 간다는 것이다.

그렇다면 이 세상에 하나님과 상관없는 사람들이 잘 살고 많은 물질을 가지고 있는 이유는 무엇인가? 망하는 길로 달려가고 있는 모습일 뿐이다. 하나님과 영영 관계없는 삶을 사는 한, 때가 되면 사망의 길로 떨어진다. 마귀도 사람을 부유하게 한다. 병도 고치고 마술도 행한다. 하지만 궁극적으로는 지옥백성이 되게 한다. 이 일을 위해서라면 마귀는 무엇이든지 해 줄 준비가 되어 있다.

신성종 목사님이 지은 "내가 본 지옥과 천국"크리스챤서적을 읽은 적이 있다. 그 책에 의하면 지옥에는 3개 층이 있고 동서남북으로 4개의 방이 있다는 것이다.

그 중 지옥의 지하 3층 서관에 가면 각 종교 지도자들과 부정부패를 저지른 독재자들의 무리와 대재벌로 살았던 수많은 사람들이 있다고 한다. 거기 가 있는 대재벌들의 죄는 탈세를 하면서 문어발식으로 중소기업을 삼켜 수많은 사람들을 괴롭히고 자기 직원들에게 적은 임금을 주면서 호의호식한 것이라고 한다.

세상에서는 실컷 잘 먹고 부유하게 살았지만 막상 이 세상을 떠나는 날 그들을 기다리고 있는 것은 지옥의 뜨거운 불구덩이다. 그렇다면 하나님을 떠나 세상에서 부유하게 사는 것이 얼마나 위험천만한 일이란 말인가!

한편 하나님 안에 있는 자들에게 하나님은 필요에 따라 물질을 부어주신다. 현재 나에게 필요한 가장 적당한 양의 물질을 주신다. 그럼 이렇게 말하고 싶지 않은가? "나는 물질이 더 필요한데요." 그것은 나의 측정법이다. 얼른 보기에는 맞는 것 같다.

하지만 하나님의 눈으로 보면 정확한 계산이 나온다. 내가 지금 살아가는데 무엇이 필요하고, 그것이 있을 때 어떤 유익이 있고, 오히려 그것이 없음으로 신앙이 올바로 서는 것이 아닌지... 내게 물질이 주어지면 어디 사용하고 어떤 열매를 맺을지, 아니면 물질이 있음으로 오히려 낭비벽이 생기고 하나님과 멀어질지...

하나님은 이 모든 것을 종합 평가하셔서 주실 분량을 결정하신다. 그러므로 현재 나에게 주시는 물질은 내게 가장 적합한 수준의 물질이다.

그렇다면 물질이 들어오는 양을 증가시키기 위해 어떻게 하면 되겠는가? 물질이 더 필요한 삶을 살면 된다. 내가 보는 관점이 아니라 하나님께서 보시는 관점으로 말이다. '아무개는 나의 일을 위해 물질이 더 필요하겠구나'라고 하나님이 판단하시게 하면 된다.

성령님의 감동을 따라 물질을 사용할 이유가 여기 있다. 감동을 따라 물질을 쓰면 또 그만큼 하나님이 채워주신다. 그래서 베푸는 사람은 늘 베풀며 살고 인색한 사람은 늘 인색하게 살게 된다. 베푸는 만큼 채움 받고 안 베푸는 만큼 채워지는 것도 없으니 언제나 동일한 모습이다.

N 출판사 사장님으로부터 이런 간증을 들었다. 모 시골교회 사모님이 출판을 했는데 쉽게 말해 대박이 났다는 것이다. 이제는 출판을 넘어서서 세미나 강사로 불려다니는데 시간이 부족할 정도라는 것이다. 그런데 중요한 사실은 그 사모님이 그렇게 남에게 베풀기를 좋아한다는 내용이었다. 하나님은 진정 공짜가 없으신 분임을 자주, 그리고 본의 아니게 확인하게 된다.

하나님은 당신이 물질을 어디에 사용할지 잘 아신다. 그러므로 물질 관리 면에서 하나님께 인정받는 사람이 되어야 한다. '아무개에게 맡기면 내 물질이 조금도 헛된 곳에 낭비되지 않을 것이다'라는 확신을 하나님께 드리는 것이 필요하다. 또한 하나님의 일을 위해 물질이 많이 필요한 인생 패턴을 만들어가는 것이 필요하다. 그러면 물질이 동서 사방에서 들어오는 인생이 된다. "선인은 그 산업을 자자손

손에게 끼쳐도 죄인의 재물은 의인을 위하여 쌓이느니라" 잠언 13:22

그래서 성경은 세상물질에 집착해 달려가는 것을 보고 "이것도 헛되어 바람을 잡는 것이로다" 전도서 2:26 라고 한 것이다. 즉 물질을 주시는 하나님의 손길을 알아차리지 못하고 물질을 얻기 위해 인간의 수고만을 하는 사람은 헛되이 바람을 잡으려는 것과 다를 바 없다는 뜻이다.

중국에 밤만 되면 거지가 되는 꿈을 꾸는 황제가 있었다.

황제는 그 꿈속에서 거지가 되어 온갖 고통과 괴로움을 당하면서 지옥보다 더한 불행을 겪었다. 그는 밤이 오는 것이 두려워서 낮 동안도 불안하고 초조하게 살 수 밖에 없었다. 그래서 하루 24시간, 1년 365일, 그리고 평생을 통하여 지옥 같은 삶을 살 수 밖에 없었던 것이다.

한편 밤만 되면 황제로 변신하는 꿈을 꾸는 거지가 있었다.

황궁 근처에서 구걸하는 거지였다. 그는 자기에게 밀어닥치는 세파가 아무리 거세더라도 얼마 후에는 밤이 온다는 생각 때문에 전혀 고통이라는 것을 느끼지 않았고 오히려 매 순간 기쁘고 즐거운 삶을 살았다. 황제는 거지처럼 살고, 거지는 황제처럼 살고 있다.

누가 더 행복한 사람인가? 물질이 많지만 소망 없이 노심초사하는 황제인가, 아니면 현재의 삶이 어려워도 그 시간이 기다려지는 소망의 삶을 사는 거지인가? 물질은 소망을 향할 때 진가를 발휘하는 것 아닐까?

앞에서 소개한 "내가 본 천국과 지옥"에는 물질과 관련해서 이런 글도 있었다.

지옥의 지하 2층 동관에는 진드기와 거머리가 득실거리고 악취가 나는데 사과 궤짝에서 돈 썩는 냄새가 진동한단다. 악덕 업주들과 불법자금을 조성해 특혜를 받으며 하청업자들에게는 장기간 어음을 발행해 고통을 준 자들이라고 한다. 또한 불법 체류자들을 고용해 일을 시킨 후 그들의 약점을 이용해서 월급을 적게 주거나 떼어먹은 사람들이 있는 곳이라고 한다.

모 교회 장로는 성도들의 돈을 떼어먹기를 일삼다가 지옥의 이곳에 와 있는데 고개를 푹 숙이고 있어서 "그래도 일말의 양심이 있나 보다"라고 생각하던 차에 자세히 살펴보니 목에 걸린 돌이 너무 무거워 고개를 들 수 없는 자세로 형벌을 받고 있더라는 것이다.

전도서는 다음과 같은 말로 막을 내리고 있다. "하나님은 모든 행위와 모든 은밀한 일을 선악 간에 심판하시리라" 전 12:14

이 모든 것은 지나간다. 그리고 그 후에는 하나님 앞에 서는 시간이 다가온다. 그때는 지혜, 수고, 물질이 다 사라진다.

그렇다면 이처럼 잠시 후면 지나가 다 사라져버릴 것들이 막상 사라지기 전에 어떻게 관리해야 하겠는가? 전도서 끝장은 이 질문에 대한 요약적인 해답을 제시해 주고 있다. "너는 청년의 때에 너의 창조주를 기억하라 곧 곤고한 날이 이르기 전에 나는 아무 낙이 없다고 할 해들이 가깝기 전에 그리하라" 전도서 12:1

이 책을 마감하기 직전에 꼭 당부하고 싶은 말이 있다. 이 글을 읽는 당신이 아직 천국백성(하나님의 자녀)이 아니라면, 즉 예수 그리스도의 피로 새롭게 태어난 크리스천이 아니라면 서둘러 예수님을 영접하고 천국행 티켓을 준비하기 바란다.

퍼스트 클래스를 타건 이커너미 클래스economy class를 타건 기본적으로 중요한 사실은 천국행 비행기를 타야 한다는 사실이다. 아예 비행기 자체를 놓친다면 퍼스트 클래스가 무슨 의미가 있겠는가?

많은 사람들이 이 세상의 삶으로 모든 것이 끝나는 것처럼 착각하며 살아간다. 진정 착각이며 매우 심각한 착각이다. 그래서 막상 이 세상을 떠나는 순간 이 엄청난 착각의 결과 지옥의 뜨거운 불속으로 허무하게 떨어지고 만다.

진정한 퍼스트 클래스, 상위 1%의 인생을 살기 원하는가? 다 내려놓고 서둘러 하나님의 자녀가 되라. 그리고 나서 이 세상의 삶속에서 퍼스트 클래스의 품위와 특권을 누리며 살아라.

랜터 윌슨 스미스Lanta Wilson Smith의 시, "이것 또한 지나가리라(This, Too, Shall Pass Away)"를 함께 읽으면서 본서를 마감하고자 한다. 독자들의 편의를 위해 최대한 원문의 의미를 살리면서 내 나름대로 독창적인 번역을 이렇게 해 보았다.

When some great sorrow, like a mighty river,
(큰 슬픔의 강물이 휩쓸고 지나가)

Flows through your life with peace-destroying power

(삶의 평강을 앗아가 버리며)

And dearest things are swept from sight forever,

(소중한 것들이 영영 사라지고 말았을 때)

Say to your heart each trying hour:

(시련의 순간마다 가슴에 대고 외쳐라)

This, too, shall pass away.

(이것 또한 지나가리라)

When ceaseless toil has hushed your song of gladness,

(끝없는 고역이 기쁨의 노래를 앗아가고)

And you have grown almost too tired to pray,

(기도조차 못할 만큼 지쳐 쓰러졌을 때)

Let this truth banish from your heart its sadness,

(이 한 가지 진실을 붙들고 슬픔에서 벗어나)

And ease the burdens of each trying day:

(시련이 주는 짐을 가볍게 만들어라)

This, too, shall pass away.

(이것 또한 지나가리라)

When fortune smiles, and, full of mirth and pleasure,

(행운이 미소 짓고 즐거움이 가득해)

The days are flitting by without a care,

(근심 없는 날들이 너풀거리며 춤출 때)

Lest you should rest with only earthly treasure,

(이 땅의 보화에만 안주하지 않도록)

Let these few words their fullest import bear:

(몇 자 안 되는 이 말의 의미를 되새기라)

This, too, shall pass away.

(이것 또한 지나가리라.)

When earnest labor brings you fame and glory,

(열심히 일한 당신 명성과 영광을 안은 순간)

And all earth's noblest ones upon you smile,

(온 세상 고관들의 미소를 한 몸 가득 받을 때)

Remember that life's longest, grandest story

(태고부터 최대 길고 최대 위대한 이야기조차도)

Fills but a moment in earth's little while:

(짧은 인생 속 한 순간에 지나지 않음을 기억하라)

This, too, shall pass away.

(그리고 또한 기억하라. 이것도 지나가고 만다는 사실을..)

이것도 저것도 다 지나가는 이 세상... 지나가고 지나가도 영원히 남을 가치를 위해 삶의 구도를 살짝 바꿔보는 것은 어떨까? 그것이 진정한 퍼스트 클래스, "상위 1%인 너"의 인생이 도달해야 할 마지막 종점이 아닐런지…

영혼의 비너스를 삶 속에 조각하라

얼마 전에 미니어처miniature 크기의 비너스 상을 아는 분으로부터 얻었습니다. S라인이 완벽했습니다. 바라보고 있자니 이 질문이 가장 먼저 떠올랐습니다. 조각가Milo는 비너스의 S라인을 만들기 위해 얼마나 심혈을 기울였을까?

그 순간 마음에서 탄성이 나왔습니다.

"아~ 비너스는 태어나는 것이 아니라 만들어지는 것이로구나!"

동시에 깨달은 점이 있습니다. 비너스가 탄생되기 전에 조각가의 영혼 속에 먼저 비너스가 있었다는 사실입니다. 비너스 상은 다름 아닌 조각가의 영혼에 있던 비너스가 보이는 모습으로 우리 앞에 선 것이었습니다.

당신의 영혼 속에 "퍼스트 클래스"의 비너스가 있을 때 퍼스트 클래스 인생이 됩니다. 상위 1%의 비너스가 있을 때 "상위 1%인 너"가 됩니다. 본서는 이처럼 영혼에 퍼스트 클래스라는 비너스를 넣어주기 위해 집필되었습니다.

이제 당신이 하실 일만 남은 것 같습니다. 영혼 속 퍼스트 클래스를 삶속에 조각하는 일입니다. 날마다 조금씩 하시는 일입니다. 그래서 당신이 진정 흠모했던 고품격의 삶을 만드시는 것입니다.

이 일을 돕기 위해 나침반출판사 김용호 대표님 애를 많이 쓰셨습니다. 본서가 상위 1%를 보여주는 책이 되어야겠기에 그에 따른 노력이 만만치 않았습니다. 끝까지 최선을 다해 맞추고 달려와 주신 노고에 감사드립니다.

영혼의 비너스를 현실의 퍼스트 클래스로 만들어가는 당신을 격려 축복합니다. 그 작업을 하시는 중 막간에 차 한잔 하시는 마음으로, 함께 나누고 싶은 사연들을 보내주셔도 좋겠습니다. 서로 도움도 되고 경쟁도 되어 보다 빠른 시일 내에 걸작이 나오지 않을까 기대되기 때문입니다(jesuscrown@naver.com).
자, 그럼 저 먼저 서둘러 삶이라는 작업장에서 망치를 들어보겠습니다.

망망한 바다 한가운데서 배 한 척이 침몰하게 되었습니다.
모두들 구명보트에 옮겨 탔지만 한 사람이 보이지 않았습니다.
절박한 표정으로 안절부절 못하던 성난 무리 앞에 급히 달려 나온 그 선원이
꼭 쥐고 있던 손바닥을 펴 보이며 말했습니다.
"모두들 나침반을 잊고 나왔기에 … "
분명, 나침반이 없었다면 그들은 끝없이 바다 위를 표류할 수밖에 없을 것입니다.

삶의 바다를 항해하는 모든 이들을 위하여 우리는 그 나침반의 역할을 하고 싶습니다.
우리를 구원하신 위대한 주 예수 그리스도를 널리 전하고 싶습니다.

"하나님은 모든 사람이 구원을 받으며 진리를 아는 데에 이르기를 원하시느니라"
(디모데전서 2장 4절)

상위 1%인 너

지은이 | 이주영
발행인 | 김용호
발행처 | 나침반출판사

제1판 발행 | 2014년 12월 1일

등 록 | 1980년 3월 18일 / 제 2-32호
주 소 | 157-861 서울 강서구 염창동 240-21
　　　　블루나인 비즈니스센터 B동 1607호
전 화 | 본　사(02)2279-6321
　　　　영업부(031)932-3205
팩 스 | 본　사(02)2275-6003
　　　　영업부(031)932-3207

홈페이지 | www.nabook.net
이 메 일 | nabook@korea.com
　　　　　nabook@nabook.net

ISBN　978-89-318-1489-7
책번호 가-3101

값은 뒷표지에 있습니다.